第二册

A NEW CHINESE COURSE

2

新编汉语教程

主　编　黄政澄（北京语言大学）
编　者（以姓氏笔画为序）
马燕华（北京师范大学）
李　泉（中国人民大学）
赵燕琬（北京大学）
黄政澄（北京语言大学）
英文审校 Angus Leigyton Hall
Glenn Mark Dias

北京语言大学出版社
BEIJING LANGUAGE AND CULTURE UNIVERSITY PRESS

图书在版编目（CIP）数据

新编汉语教程·第2册/黄政澄主编;马燕华,李泉,赵燕琬编. -北京:北京语言大学出版社,2011 重印
ISBN 978-7-5619-1993-4

Ⅰ. 新… Ⅱ. ①黄…②马…③李…④赵… Ⅲ. 汉语-对外汉语教学-教材 Ⅳ. H195.4

中国版本图书馆 CIP 数据核字（2007）第 190203 号

书　　名：新编汉语教程·第2册
责任编辑：程　洲
封面设计：蒋宏工作室
责任印制：汪学发

出版发行：北京语言大学出版社
社　　址：北京市海淀区学院路 15 号　邮政编码：100083
网　　址：www.blcup.com
电　　话：发行部　82303650/3591/3651
编辑部　82303647
读者服务部　82303653/3908
印　　刷：北京中科印刷有限公司
经　　销：全国新华书店

版　　次：2007 年 12 月第 1 版　2011 年 12 月第 2 次印刷
开　　本：889 毫米×1194 毫米　1/16　**印张**：13
字　　数：289 千字　　**印数**：3001—4000
书　　号：ISBN 978-7-5619-1993-4/H·07217
定　　价：36.00 元

目录 Contents

目录 Contents

前 言

《新编汉语教程》是一套专为海外学生编写的供基础阶段教学使用的汉语教材。本教程共四册，另有四本练习册与之配套。每一册供一学期（60～100课时）使用。全套教材包括3000个常用词，300多个语法点，1500个常用汉字。

几十年来，海内外编写出版的基础汉语教材已有不少，它们各具特色，各有所长，各自发挥了应有的效用。但是，社会在前进，语言教学理论、语言教学方法在发展，我们深切感到应尽快编写既能借鉴以往的同类教材的成功经验，又能汲取语言教学理论、教学方法研究最新成果的新一代教材，以满足当今海内外汉语教学的需要。

《新编汉语教程》正是在这种思想指导下作出的一种新的探索。

《新编汉语教程》在编写过程中曾三次召开专家咨询鉴定会，北京语言大学、北京大学、北京师范大学、中国人民大学等的许多专家、教授对教材提出了不少宝贵意见，对他们的大力支持和帮助，我们表示衷心的谢忱。我们真诚希望使用本教材的国内外同行提出意见。

本书编写首先由主编提出方案，编者具体分工如下：

课　文、生　词：黄政澄

功　　　　　能：李　泉

注　　　　　释：赵燕琬

语音、汉字练习：马燕华

编者在集体讨论和吸收专家意见的基础上完成初稿，最后由主编增删统稿。

《新编汉语教程》一、二册各部分说明如下：

第一册1～10课为语音和汉字入门阶段。单纯的音素教学枯燥乏味，难于引起学生的兴趣。但是，教学伊始就让学生在语句中学语音，处理不好，语音就要“夹生”。为避免上述两种倾向，在入门阶段，我们既突出了音素、音节、声调教学，又让学生学到了一些可用于日常交际的简短词句。汉字是外国学生学习汉语的难点。我们从笔画、笔顺入手，按汉字结构规律进行编排。前10课共出现独体字50多个（一、二、三、四、五、六、七、八、九、十往后不再列为生词），掌握这些，对学生以后学习汉字将大有裨益。

从第一册第11课至第二册第20课，由固定人物贯串始终，以个人→家庭→学校→朋友→社会五个话题为明线进行八次循环，把“结构—功能—文化”结合起来，突出学生交际能力的培养和训练。课文全部采用对话体编写，全部场景均在海外。课文内容贴近海外学生实际生活，语言真实，学生每学一课都“有话可说”。

课文中涉及到的一些海外具体地名，均以“××”代替，使用者可根据各地情况自行补充。

第一册第11课至第30课，课文对话有汉语拼音对照，第二册只在汉字上头标调号，轻声用“。”，生词标原调，课文标实际读音。

生词：每课从20来个逐步增至40个。一、二册共出现生词1300多个，80%属于汉语水平等级大纲甲级词。书后附有词汇总表。

功能：社会交际是语言的最本质功能。为更好地培养学生的交际能力，本书突出交际功能的训练。根据初学者的交际需要和课文提供的内容，参考国内外功能研究的成果，从实际出发，一、二册共出功能项目131个，功能点249个。每课均有4～8个功能项目作为交际训练的重点。功能项目及其分类附在书后。

注释：主要包括两部分，一为语法，一为难理解的词句和必要的文化背景知识。本书出现的语法绝大部分为汉语水平等级大纲中的甲级语法项目。安排上先易后难，解释简明扼要，不求全面系统，重要句式尽量配以图示。课文中凡需要注释的地方均用阿拉伯数字顺序标示。全书安排四次语法小结，帮助学生归纳掌握学过的主要语法点。书后附有语法索引。

练习：本教材练习单独成册，内容包括为巩固本课和前面学过的语法点、功能项目、课文内容所设计的多项练习和汉字书写两部分。机械性练习、控制性练习和交际性练习占的比例多一些。为使学生能与HSK接轨，随着学生汉语水平的提高，多项选择题逐步进入练习中。部分练习答案附在后面。

为适应部分海外学生需要，汉字书写练习中，凡第一次出现的简化字均附有相应的繁体字，便于对照。

本书英文翻译：沈素琴　王素云　审校：熊文华

英国朋友Mr. Angus Leigyton Hall和澳大利亚朋友Mr. Glenn Mark Dias对全书英文翻译也进行了校阅，对此，我们表示衷心的感谢。

编者

INTRODUCTION

A New Chinese Course has been prepared for use by students as an elementary Chinese course book. It consists of four volumes of textbooks and workbooks, with 3, 000 basic words, over 300 grammar items and 1, 500 basic Chinese characters. Each volume is designed for 60-100 class-hours in an academic year.

Since the 1970s, a good number of Chinese textbooks have been devised and published at home and abroad. Each of them has features and merits of its own, and has been used in both teaching and learning. However, as language teaching theories and methods develop, we find it necessary to compile a new textbook on the basis of the success of similar textbooks published and the new accomplishments in the field of language teaching and research, so as to meet the demand for Chinese teaching in the world. *A New Chinese Course* is a product of such experimental efforts.

Grateful acknowledgments are due to the specialists and professors at the Beijing Language and Culture University, Beijing University, Beijing Normal University and People's University of China who met three times in the course of the preparation of this book and offered valuable advice and generous assistance. Any suggestions and criticisms from users of this book are earnestly welcome.

This course has been prepared on the scheme put forward by the chief editor, with Mr. Huang Zhengcheng (黄政澄) responsible for texts and new words, Mr. Li Quan (李泉) for function items. Ms. Zhao Yanwan (赵燕琬) for notes and Ms. Ma Yanhua (马燕华) for phonetics, characters and exercises.

The course was finally completed under the chief editor's overall planning and arrangements.

Volumes Ⅰ & Ⅱ have been arranged as follows:

Lesson 1 to Lesson 10 in Volume Ⅰ deal with Chinese phonetics and characters. Generally, the teaching of individual sounds can be very dull and tedious and students may not find much interest in them. To learn Chinese phonetics through sentences at the very beginning can also, if improperly done, result in the incomplete mastery of the sounds and tones. In order to avoid these tendencies, priority has been given to the teaching of phonemes, syllables and tones at this elementary stage while short and simple commonly used phrases and sentences are provided.

Writing characters is another hard nut for foreign students to crack. In this book, the writing of Chinese characters is taught in strokes and stroke order, according to the rules of structures of the Chinese characters. In the first ten lessons, 50 mono-formative characters are given (thus, "一", "二", "三", "四", "五", "六", "七", "八", "九", and "十" will not appear as new words in later texts). Undoubtedly, learners will find it useful to learn them.

From Lesson 11 in Volume Ⅰ to Lesson 20 in Volume Ⅱ, all the texts are written in the form of dialogues set in foreign countries. They have fixed characters and centre on five topics: individuals→families→institutes→friends→society, recurring eight times throughout the first two volumes, joining up structure, topics, function and culture. All the texts are prepared on practical language, close to the life of overseas learners, always enabling them to find something to talk about and discuss after each lesson.

The place names written as "××" are supposed to be substituted with the local names known to the users.

Texts from Lesson 11 to Lesson 30 in Volume Ⅰ are provided with Chinese phonetics. In Volume Ⅱ the texts are merely provided with tone marks. The light tone is shown with "。", but new words are indicated with their original tone marks.

New words: The number of new words in each lesson increases from 20 to 40 as the lessons move on. Over 1,300 words are included in the first two volumes, 80% of which are regarded as A Level words according to *Guidelines for Chinese Words and Characters*. A glossary is appended to the book.

Function: Social communication is the very fundamental function of a language. This course gives priority to the training of students' communicative skills. Each lesson has 4-8 function items, and there are altogether 131 function items and 249 function points in Volume Ⅰ & Ⅱ. They have been specially designed on the basis of the texts, the realistic demand of the learners as well as the accomplishments in function research theories at home and abroad. There is a summary and classification of function items attached to the end of the book.

Notes: They mainly deal with two things. One is the grammar, the other is difficult sentences, expressions and necessary background information concerning culture. The grammar items covered in this book are mostly concluded in Standards for Chinese Proficiency and Grammar as A Level items. They are arranged in accordance with their degree of difficulty and are intended only to provide short and simple explanations, not all round or systematic ones. Notes in each text are all enumerated by Arabic numerals. Important sentence patterns are generally shown with diagrams. There are also four brief summaries of grammar in the book to help students grasp those grammar points they have dealt with. A grammar index is included in the book.

Exercise: Workbooks have been separately prepared for the learners. They contain two parts. One includes various types of exercises designed to consolidate the grammar, function items and texts covered. The other is character writing. A certain amount of space has been allotted to drills, manipulation exercises and conversation practice. Multiple choices are adopted for the purpose of familiarizing students with HSK tests as their Chinese improves. A key to some of the exercises is appended to the exercise book.

In order to satisfy the need of some students, simplified Chinese characters are all accompanied by their original complex forms when they appear for the first time in the workbook.

This book is translated into English by Ms. Shen Suqin (沈素琴) and Ms. Wang Suyun (王素云) and revised by Mr. Xiong Wenhua (熊文华). Our British friend Mr. Angus Leigyton Hall and Australian friend Mr. Glenn Mark Dias also helped revising the English language.

词类简称表

Abbreviations

（名）	名词	míngcí	noun
（代）	代词	dàicí	pronoun
（动）	动词	dòngcí	verb
（助动）	助动词	zhùdòngcí	auxiliary verb
（形）	形容词	xíngróngcí	adjective
（数）	数词	shùcí	numeral
（量）	量词	liàngcí	measure word
（副）	副词	fùcí	adverb
（介）	介词	jiècí	preposition
（连）	连词	liáncí	conjunction
（助）	助词	zhùcí	particle
（叹）	叹词	tàncí	interjection
（象声）	象声词	xiàngshēngcí	onomatopoeia
（头）	词头	cítóu	prefix
（尾）	词尾	cíwěi	suffix

第一课 Lesson 1 我觉得这个电影不错

一 课文 Text

（同学们讨论昨天看的电影。Students talk about the film they saw the day before.）

马教授：今天我们不上新课，我们讨论一下儿昨天看的电影。大家谈谈自己的看法。

苏姗：我觉得[①]这个电影不错，故事很生动，很有意思。

约翰：我不同意这种看法。我觉得这个电影不怎么样。女主人公长得很难看。② 我一边看一边想睡觉。

田中平：我也觉得这个电影很一般，内容简单，对话太多，女主人公不是哭就是笑。③

丁文月：我认为④一个电影好不好，当然和内容有关系，但主要是看演员演得怎么样。在这个电影里，我觉得几个主要演员演得都很好，特别是男、女主人公演得确实不错。我反对用演员漂亮不漂亮来评价一个电影的好和坏。

马教授：林达，你的意见呢？

林达：我看，这部电影内容比较一般，故事也不很生动，但是，应该说，几个主要演员演得都非常好。女主人公唱歌唱得也很不错。总的来说⑤，这个电影还可以⑥。

二 生词 New Words

1. 讨论	（动）	tǎolùn	to discuss，to talk about
2. 谈	（动）	tán	to talk
3. 看法	（名）	kànfǎ	opinion
4. 觉得	（动）	juéde	to feel，to find
5. 故事	（名）	gùshi	story
6. 生动	（形）	shēngdòng	lively，vivid
7. 有意思		yǒu yìsi	meaningful，interesting

8.	同意	（动）	tóngyì	to agree (to/with...)
9.	不怎么样		bù zěnmeyàng	not so good
10.	主人公	（名）	zhǔréngōng	hero (heroine), protagonist
11.	长	（动）	zhǎng	to grow
12.	得	（助）	de	(a particle)
13.	难看	（形）	nánkàn	ugly
14.	睡觉		shuì jiào	to go to bed, to sleep
15.	一般	（形）	yìbān	so-so
16.	内容	（名）	nèiróng	content
17.	简单	（形）	jiǎndān	simple
18.	对话	（名）	duìhuà	dialogue
19.	不是…就是…		bú shì…jiù shì…	either... or...
20.	哭	（动）	kū	to cry, to weep
21.	笑	（动）	xiào	to laugh
22.	认为	（动）	rènwéi	to think
23.	关系	（名）	guānxì	relation, connection
24.	主要	（形）	zhǔyào	main, chief
25.	演员	（名）	yǎnyuán	actor, actress
26.	演	（动）	yǎn	to act, to perform
27.	特别	（形，副）	tèbié	particular; particularly
28.	确实	（副）	quèshí	indeed
29.	反对	（动）	fǎnduì	to object to, to be against
30.	用…来…		yòng…lái…	(to do something) by/with/through
31.	评价	（动）	píngjià	to evaluate
32.	坏	（形）	huài	bad
33.	意见	（名）	yìjiàn	opinion, idea
34.	非常	（副）	fēicháng	very (much)
35.	唱	（动）	chàng	to sing

36. 歌　（名）　gē　song
37. 总的来说　zǒng de lái shuō　on the whole
38. 可以　（形）　kěyǐ　okay，not bad

专 名 Proper Noun

苏姗　Sūshān　name of a person，Susan

三 功能 Functions

1. 表达看法 biǎodá kànfǎ
Expressing one's opinions

（1）我觉得这个电影不错，故事很生动，很有意思。
　　　这个电影很一般，内容简单，对话太多
　　　从这儿走比较近

（2）我认为电影好不好，主要看演员演得怎么样。
　　　小学老师这种职业很不错
　　　他应该参加考试，不应该去旅行

2. 同意/不同意 tóngyì/bù tóngyì
Agreement/Disagreement

（1）我　同意这种看法。
　　　他　　　骑车去
　　　老师　　我的意见

（2）我不同意这种看法。
　　　她　　　坐车去
　　　他　　　我的看法

3. 反对/不反对 fǎnduì/bù fǎnduì
Objection/Approval

（1）我反对用演员漂亮不漂亮来评价电影。
　　　你去爷爷的公司工作
　　　你现在就买汽车

（2）我不反对你买汽车，但是不同意现在就买。
　　　大家的意见
　　　用故事生动不生动来评价一个电影

4. 概括 gàikuò

Generalization

总的来说，这个电影还可以。

他是一个好的老师

那儿的东西还是比较便宜的

5. 评价 (2) píngjià (2)

Comments (2)

(1)（我觉得/认为）这个电影很好。

这种样子不太好

他的工作(很)一般

(2) 几个演员演得非常好。

他汉语说　还可以

不怎么样

(3) 应该说，这个电影确实不错。

演员演得比较一般

这本书很不错

四 注释 Notes

1. 我觉得这个电影不错

动词“觉得”常用来表示个人的看法，后面可带动词、形容词、小句构成的宾语。

The verb “觉得” is often used to express one's opinions, and can be followed by verbs, adjectives or short sentenses as its object.

例如 E.g. (1) 我觉得你的意见很对。

(2) 这双鞋我觉得很漂亮。

“觉得”还表示产生了某种感觉。

“觉得” can also be used to mean that one has got a certain feeling.

例如 E.g. (3) 我觉得不舒服，可能感冒了。

(4) 病人觉得好多了。

2. 女主人公长得很难看

在这个句子中，“很难看”是补充说明谓语动词“长”的程度和情态。这种补充说明动作达到的程度和情态的成分叫程度补语，中间要用结构助词“得”来连接。基本句式为：

In this sentence, “很难看” is used as a complement to the predicate verb “长”, showing the degree and state of the verb. This type of constructions is known as “complement of degree”, usually with the structural particle “得” linking the verb and its complement of degree. Its basic pattern is:

主语 — 谓语（动词 / 形容词） — 得 — 程度补语

subject — predicate (verb / adjective) —得 — complement of degree

例如 E.g. （1）老师 说 得 很清楚。

（2）他的病 好 得 很快。

否定式是在程度补语前加“不”。

To form the negative, “不” should be added before the complement.

例如 E.g. （3）我 说 得 不清楚。

（4）他 走 得 不快。

疑问形式是：

The interrogative form is:

主语 —谓语（动词 / 形容词） — 得—疑问代词

subject—predicate (verb / adjective) —得—interrogative pronoun

例如 E.g. （5）她 唱 得 怎么样？

如果有宾语和程度补语，一般要重复动词。

If the verb takes an object as well as a complement of degree, the verb is generally repeated in the pattern of

主语 — 谓语（动词） — 宾语 — 动词—得—程度补语

subject— predicate (verb) — object — verb —得—complement of degree

例如 E.g. （6）老师 说 汉语 说 得 很清楚。

（7）王大夫 看 病 看 得 很好。

3. 女主人公不是哭就是笑

“不是……就是……”格式，可以嵌入同类的动词、形容词或分句，表示二者必居其一。

The construction “不是……就是……” can take verbs, adjectives or clauses of the same category, denoting the alternative of the two possibilities.

例如 E.g. （1）不是你去就是我去，得有一个人去。

（2）他不是日本人就是中国人。

有时也表示两者同时存在，没有其他。

Sometimes the construction also shows the simultaneous existence of two things, excluding any other possibility.

例如 E.g.　（3）桌子上不是书就是本子。（没有别的东西）

4. 我认为一个电影好不好，当然和内容有关系

动词“认为”表示对人或事物有某种看法，作出某种判断，用法同“觉得”一样。

The verb “认为” expresses one's opinions about a person or a thing, or one's judgement of something. It has the same usage as “觉得”.

5. 总的来说，这个电影还可以

“总的来说”是插入语，表示总括，常用于句首或句中。

The phrase “总的来说” is a parenthesis, used for generalizing, and usually appears at the beginning or in the middle of a sentence.

例如 E.g.　（1）总的来说，我还是喜欢看中国杂志。

（2）我们去看美术展览了，总的来说，还不错。

6. 这个电影还可以

这里的“可以”是形容词，表示“好”、“不坏”，只能做谓语和补语，常在前面加“还”，也可以说“还行”。

“可以” here is an adjective, meaning “好” (good) or “不坏” (not bad). It can only be used as predicate or complement, usually with “还” preceding it. “还行” may also be used as a substitute for “还可以”.

例如 E.g.（1）爷爷的身体还可以。

（2）姐姐做饭做得还可以。

第二课 Lesson 2 你搬完家了吗

一 课文 Text

（丁文月询问乔治搬家的情况。Ding Wenyue asks Georgy whether he has finished moving.）

丁文月：你搬完家①了吗？

乔治 ：搬完了。我现在住在××路248号。

丁文月：你租的是什么房子？

乔治：楼房。我住三层302房间。

丁文月：你一个人住一套？

乔治：不，跟我弟弟。他最近在城里找到一个工作，我们两个人就搬到一起了。

丁文月：房子怎么样？是新的吗？

乔治：房子是旧的，但还[2]不错。两间卧室，还有客厅、厨房、浴室、卫生间，楼下有车库和洗衣房。房子后边有一个小花园。

丁文月：带家具吗？

乔治：带家具，床、桌子、椅子、沙发都有，[3]冰箱、洗衣机也有。

丁文月：周围环境怎么样？

乔治：环境还可以。离超市很近，站在门口儿就能看见。交通也很方便，有两路开往城里的公共汽车。

丁文月：房租多少钱？

乔治：每月八百，贵吗？

丁文月：不贵，比较便宜。

二 生词 New Words

1.	搬	（动）	bān	to move (house)
2.	完	（动）	wán	to finish，to complete
3.	路	（名）	lù	road
4.	租	（动）	zū	to rent，to hire
5.	楼房	（名）	lóufáng	a storied building
6.	房间	（名）	fángjiān	room
7.	套	（量）	tào	suite，set (a measure word)
8.	最近	（名）	zuìjìn	recently，lately
9.	房子	（名）	fángzi	house，building
10.	旧	（形）	jiù	old
11.	间	（量）	jiān	(a measure word for rooms)
12.	卧室	（名）	wòshì	bedroom
13.	客厅	（名）	kètīng	sitting-room，living-room
14.	厨房	（名）	chúfáng	kitchen
15.	浴室	（名）	yùshì	bathroom
16.	卫生间	（名）	wèishēngjiān	toilet
17.	洗衣房	（名）	xǐyīfáng	laundry
18.	花园	（名）	huāyuán	garden
19.	家具	（名）	jiājù	furniture
20.	桌子	（名）	zhuōzi	table
21.	椅子	（名）	yǐzi	chair
22.	沙发	（名）	shāfā	sofa，settee
23.	冰箱	（名）	bīngxiāng	refrigerator
24.	洗衣机	（名）	xǐyījī	washing machine
25.	周围	（名）	zhōuwéi	surroundings
26.	环境	（名）	huánjìng	environment，surroundings

27. 超级	（形）	chāojí	super
28. 市场	（名）	shìchǎng	market
29. 站	（动）	zhàn	to stand
30. 交通	（名）	jiāotōng	traffic，communications
31. 方便	（形）	fāngbiàn	convenient
32. 往	（动）	wǎng	to go
33. 城	（名）	chéng	town, city
34. 房租	（名）	fángzū	rent
35. 贵	（形）	guì	expensive

三 功能 Functions

1. 询问并回答（38）（动作是否完成） xúnwèn bìng huídá（38）（dòngzuò shìfǒu wánchéng）

Asking and answering (38) (if something is done)

A：你搬完家了吗？　　B：搬完了/没搬完。

　　写　信　　　　　　写　　　写

　　还　书　　　　　　还　　　还

2. 表示动作的完成 biǎoshì dòngzuò de wánchéng

Indicating the completion of an action

（1）我（已经）搬完家了。　　（2）我们已经看完电影了。

　　我们　　　吃　饭　　　　　　姐姐　　写　信

3. 询问并回答（39）（动作是否有结果） xúnwèn bìng huídá（39）（dòngzuò shìfǒu yǒu jiéguǒ）

Asking and answering (39) (the result of an action)

A：你找到工作了吗？　　B：找到了/没找到。

　　看　约翰　　　　　　看　　　看

　　买　电影票　　　　　买　　　买

4. 询问并回答（40）（住址）xúnwèn bìng huídá（40）（zhùzhǐ）

Asking and telling（40）（one's address）

A：你　　住在哪儿？　　B：我　住在花园路 248 号。

田中平　　　　　　　　他　　学校外面的宿舍

罗杰　　　　　　　　　罗杰　超市附近

5. 描述（1）（住房内外环境）miáoshù（1）（zhùfáng nèiwài huánjìng）

Describing（1）（the conditions inside and outside of one's house）

A：房子怎么样？

宿舍

B：房子是旧的，但还不错。有客厅、厨房、浴室、卫生间，还有冰箱和洗衣机。

宿舍　新的　很漂亮　　床、桌子、椅子、沙发等　　电话

A：房子周围的环境怎么样？

你家

B：环境还可以，离超市　　很近，交通也很方便，有两路开往城里的

很好　　爸爸的公司　　　特别　　　五

汽车，楼下有车库，房子后面有一个小花园。

商店　　　　邮局和银行

四 注释 Notes

1. 你搬完家了吗

动词“完”是补充说明谓语动词“搬”的结果。这种表示动作结果的补充成分叫“结果补语”，常由动词、形容词或介词结构充任，可带宾语，但宾语一定放在补语之后。基本句式为：

The verb“完” is a complementary element here，showing the result of the predicate verb“搬”. Complementary elements like this are known as resultative complements which often take verbs，adjectives or prepositional constructions as signifiers，and which may take objects，but the object must be put after the complement. The basic pattern is as follows：

主语 —	谓语动词 —	结果补语 —	宾语	
subject —	predicate verb —	resultative complement —	object	
例如 E.g. （1）我	听	见		了。
（2）汽车	开	到	楼门口。	
（3）他	认	出	我	了。

否定式用“没”，一般不能用“不”，因为有结果的动作一定是完成了的。

To make the resultative complement negative，“没” is used instead of “不”，for the simple reason that a resultative action must have been completed.

例如 E.g. （4）我没看见他。

2. 房子是旧的，但还不错

副词“还”用在形容词前，表示程度上过得去。

The adverb “还” indicates a passable degree of something when used before adjectives.

例如 E.g. （1）奶奶年纪很大，但身体还好。

（2）这里离城里比较远，但交通还方便。

3. 床、桌子、椅子、沙发都有

这里的“床、桌子、椅子、沙发”放在动词“有”前做主语，表示存在着这些事物，这类句子的主语多为并列名词、词组或“的”字结构。“有”前一般加副词“都”或“也”，在“有”后不能再带宾语。

Here “床，桌子，椅子，沙发” are placed in front of the verb “有”，and function as the subject of the sentence，indicating the existence of all these things. Usually the subjcet of this type of sentences takes coordinate nouns，phrases or the “的” constructions. When the adverbs “都” or “也” are added before the verb “有”，then “有” cannot take any object after it.

例如 E.g. （1）这里中餐西餐都有。

（2）他家花儿很多，红的、白的、黄的都有。

第三课 Lesson 3 你考得怎么样

一 课文 Text

（王云山、丁文月谈考试情况。Wang Yunshan and Ding Wenyue talk about examinations.）

王云山：你在[1]做什么呢？

丁文月：我在等田中平呢。

王云山：他在哪儿呢？

丁文月：他正在考口试。

王云山：你考完了？

丁文月：刚考完。

王云山：考得怎么样，难不难？

丁文月：比较容易。我觉得考得不错。

王云山：看样子[2]，你很满意。能得一百分？

丁文月：一百分不可能，但是及格没有问题，我估计能得八十分。我不太怕口试。口试主要是回答问题，读课文。

王云山：什么时候能知道成绩？

丁文月：一个星期以后。

王云山：你们平时考试多不多？

丁文月：平时两个星期有一次口试。期中和期末考试时，口试、笔试都有。

王云山：你们什么时候考笔试？

丁文月：明天。

王云山：准备得怎么样了？

丁文月：差不多了。我有点儿怕笔试，特别是听写。老师念得很快，又要听懂每个句子的意思，又要写对汉字，太难了。哎[3]，你考完了吗？

王云山：没呢。下午考世界现代史。我现在正准备呢。

二 生词 New Words

1.	正在	（副）	zhèngzài	just，in progress
2.	考	（动）	kǎo	to examine，to have an examination
3.	口试	（名）	kǒushì	oral examination
4.	难	（形）	nán	difficult
5.	容易	（形）	róngyì	easy
6.	满意	（动）	mǎnyì	satisfactory，satisfied
7.	得	（动）	dé	to get
8.	分	（名）	fēn	score（a measure word）
9.	及格		jí gé	passing；to pass（a test/an examination）
10.	问题	（名）	wèntí	problem，question
11.	估计	（动）	gūjì	to estimate
12.	怕	（动）	pà	to be afraid，to fear
13.	回答	（动）	huídá	to answer，to reply
14.	读	（动）	dú	to read
15.	课文	（名）	kèwén	text
16.	成绩	（名）	chéngjì	scores，records
17.	平时	（名）	píngshí	usually，at ordinary times
18.	期中	（名）	qīzhōng	mid-term
19.	期末	（名）	qīmò	end-of-term
20.	笔试	（名）	bǐshì	written examination
21.	听写	（动，名）	tīngxiě	to dictate；dictation
22.	念	（动）	niàn	to read（out）
23.	快	（形）	kuài	quick，fast
24.	懂	（动）	dǒng	to understand，to know

25. 句子 （名） jùzi sentence
26. 意思 （名） yìsi meaning
27. 汉字 （名） Hànzì Chinese character
28. 哎 （叹） āi (an interjection)
29. 世界 （名） shìjiè world
30. 现代 （名） xiàndài modern time，modernity
31. 正 （副） zhèng just

三 功能 Functions

1. 询问并回答（41）（正在做什么）xúnwèn bìng huídá（41）（zhèngzài zuò shénme）

Asking and answering（41）（what one is doing）

A：你在做什么呢？ B：我在等田中平 呢。
看 看杂志
找 找我的护照

2. 推测（3）tuīcè（3）

Making a conjecture（3）

A：看样子你很满意，能得一百分？
她就是你妹妹。
你不喜欢这个电影。

B：得一百分不可能，但是及格没有问题。
是的，她是我妹妹
不，我喜欢

3. 估计（2）gūjì（2）

Making an estimation（2）

A：你考得怎么样？ B：我估计能得八十分。
那儿的房租贵吗 不会太贵
他什么时候能出院 还得一个星期

4. 担心/不担心dānxīn / bù dānxīn

Worrying/Not worrying

(1) 我怕考笔试，特别是听写。
他 房租太贵
她 妈妈不同意

(2) 我不（害）怕口试。
他 读课文
她 考听写

5. 时间（1）（某时之后）shíjiān（1）（mǒu shí zhī hòu）

Asking time（1）（sometime in the future）

A：什么时候能知道成绩？
什么时候去旅行

B：一个星期以后。
三天

A：晚上八点以后你给我打个电话。
一个星期 我们能知道成绩吗？

B：好。
能

6. 表示动作的进行或状态的持续biǎoshì dòngzuò de jìnxíng huò zhuàngtài de chíxù

Indicating the progress of an action

(1) 我（正）在等田中平呢。
他 听音乐
罗西 打电话

(2) 他（现在）正在口试（呢）。
妹妹 念课文
他们 跳舞

四 注释 Notes

1. 你在做什么呢

副词“在”或“正在”用在动词或动词词组前，句尾加语气助词“呢”，表示一个动作正在进行。基本句式为：

When the adverb “在” or “正在” is used in front of a verb or a verbal phrase with the modal particle “呢” at the end of the sentence, it always indicates the progressive aspect of an action. Its basic pattern is as follows:

主语—正/正在/在—谓语动词 — 宾语 — 呢

subject—正/正在/在—predicate verb—object— 呢

例如 E.g.

(1)	我们	正在	听	音乐	呢。
(2)	老师	在（给我们）	讲	课。	
(3)	他	正	写	汉字	呢。
(4)	妹妹	正在	睡	觉	呢。

否定用"没（有）在……"或只用"没有"。

"没（有）在……" or simply "没有" is used when the negative form is desired.

例如 E.g.（5）A：妹妹在睡觉吗？

B：没有，她已经起床了。

（6）我没看书，在听音乐。

注意：正在/正/在……呢，只表示一个动作正在进行，与动作进行的时间无关，动作进行的时间要用时间词语来表示。

Note that "正在/正/在……呢" only indicates the progress of an action. It does not tell the time at which the action takes place. So a phrase denoting time will be needed if one wishes to know the specific time of the action.

例如 E.g.（7）现在妈妈正在做晚饭。

（8）昨天我正在吃晚饭，他来找我了。

（9）明年这个时候，他正在北京学习中文呢。

2. 看样子，你很满意

"看样子"是插入语，表示对情况的推测、估计。

"看样子" here is a parenthesis, expressing one's supposition or estimation of something.

例如 E.g.（1）看样子，他十七八岁。

（2）看样子，他感冒了。

3. 哎，你考完了吗

叹词"哎"可表示突然想起某事，用于重新引起新话题，与"对了"相似。

The interjection "哎" may indicate that some idea has suddenly occurred to the speaker. It can be used to introduce a new topic, in the same way as "对了".

例如 E.g.（1）A：你来借书吗？

B：是啊。哎，你的感冒好了吗？

A：谢谢，已经好了。

（2）A：咱们去超市买东西吧。

B：好，一起去。哎，张力也想去，你等我一下，我去叫他。

第四课 Lesson 4 祝你生日快乐

一 课文 Text

（丁文月、田中平、林达谈论给苏姗送生日礼物。
Ding Wenyue，Tianzhong Ping and Linda talk about giving Susan birthday presents.）

田中平：苏姗的生日晚会是今天晚上吧。

丁文月：没错儿。你是不是①忘了？

田中平：没忘啊。你给她准备了②什么生日礼物？

丁文月：她喜欢听中国音乐。我给她买了两盒中国音乐磁带和两张光盘。

田中平：林达，你的礼物也买好③了？

林达：买好了。我给她买了一幅中国画儿、一个生日蛋糕。

田中平：糟糕④！我还没准备好呢。你们提提建议，给她买什么好呢？

丁文月：你给她买一本《汉英词典》吧。

田中平：她不是有吗？

丁文月：她上星期丢了。

田中平：走，我们现在一起去书店看看。

林达：别着急，还有一个下午的时间呢。吃了午饭再去买吧。

田中平：行，吃了饭就去。

丁文月：林达，那两张生日卡片写好了吗？

林达：写了一张了，还有一张没写呢。吃了饭就写。

田中平：写什么了？

林达：这一张写了“祝你生日快乐”那一张可以写“祝你生日愉

快”或者也写“祝你生日快乐”。

田中平：（对丁文月 to Ding Wenyue）中国人过生日有什么习俗？

丁文月：中国人过生日常常要吃面条。

田中平：为什么呢？

丁文月：面条长长[5]的，表示长寿，也叫长寿面。

林达：送礼物吗？

丁文月：也送。中国人、外国人都有送礼物的习俗。[6]但是，中国人一般不会当客人的面打开礼物。中国人认为那样做不礼貌。

二 生词 New Words

1.	生日	（名）	shēngrì	birthday
2.	晚会	（名）	wǎnhuì	evening party
3.	错儿	（名）	cuòr	mistake
4.	忘	（动）	wàng	to forget
5.	礼物	（名）	lǐwù	present，gift
6.	盒	（量）	hé	box（a measure word）
7.	磁带	（名）	cídài	tape，record
8.	光盘	（名）	guāngpán	CD，compact disc
9.	幅	（量）	fú	（a measure word）
10.	画儿	（名）	huàr	picture，painting，drawing

11. 蛋糕	（名）	dàngāo	cake
12. 糟糕	（形）	zāogāo	too bad，how terrible
13. 提	（动）	tí	to make
14. 建议	（名，动）	jiànyì	suggestion，proposal；to suggest，to propose
15. 上（星期）	（名）	shàng（xīngqī）	last（week）
16. 丢	（动）	diū	to lose
17. 书店	（名）	shūdiàn	bookstore
18. 着急	（形）	zháojí	worried
19. 卡片	（名）	kǎpiàn	card
20. 祝	（动）	zhù	to congratulate
21. 快乐	（形）	kuàilè	happy，merry
22. 愉快	（形）	yúkuài	pleasant，cheerful
23. 或者	（连）	huòzhě	or
24. 过	（动）	guò	to spend，to observe
25. 习俗	（名）	xísú	custom
26. 常常	（副）	chángcháng	usually，often
27. 为什么		wèi shénme	why
28. 表示	（动）	biǎoshì	to signify，to symbolize
29. 长寿	（形）	chángshòu	longevity，long life
30. 送（礼）	（动）	sòng（lǐ）	to give（a present）
31. 外国人	（名）	wàiguórén	foreigner
32. 当面		dāng miàn	in sb's presence
33. 打（开）	（动）	dǎ（kāi）	to open
34. 那样	（代）	nàyàng	that
35. 礼貌	（形）	lǐmào	curtesy，manners，politeness

三 功能 Functions

1. 表示忘记了某事 biǎoshì wàngjìle mǒu shì

Expressing that one forgot (doing) something

(1) 我忘了给她准备礼物。
　　带借书证
　　他的电话号码

(2) 我忘带笔了。
　　吃药
　　告诉他

2. 表示某物忘在某处 biǎoshì mǒu wù wàngzai mǒu chù

Expressing that something has been left at some place

(1) 我的书包忘在图书馆了。
　　他的词典　宿舍
　　礼物　办公室

(2) 电影票忘在了家里。
　　报纸　车上
　　词典　教室

3. 突然发现某一不如意的情况 tūrán fāxiàn mǒu yí bù rúyì de qíngkuàng

Suddenly discovering an undesirable fact

糟糕，给苏姗的生日礼物还没准备好呢。
　　我的《汉英词典》忘在教室了
　　我今天有点儿头疼

4. 建议 jiànyì

Making a suggestion

我建议你给她买一本《汉英词典》。
　　你听听中国音乐，看看中国电影
　　我们周末一起去游泳

5. 安慰（2） ānwèi（2）

Epressing consolation（2）

别着急，还有一个下午的时间呢。
　　离上课还有十分钟呢
　　再有三天就能出院了

6. 祝贺zhùhè

Congratulations

（1）祝你生日快乐。　　（2）祝你旅行愉快。

　　　　　愉快　　　　　　　　周末

7. 询问并回答（33—②）（原因）xúnwèn bìng huídá（33—②）（yuányīn）

Questions and answers（33—②）（about causes）

A：中国人过生日为什么要吃面条？　　B：面条长长的，表示长寿。

　　他　　　　　住在那儿　　　　　　那儿离学校近

　　你　　　　　没来上课　　　　　　我病了

四 注释 Notes

1. 你是不是忘了

提问人为进一步证实某一情况，可以用“是不是”这种疑问句。它的基本句式是在陈述句的谓语前加上“是不是”。

The interrogative sentence with “是不是” may be used by the speaker to further confirm something. Its basic pattern is formed by adding “是不是” in front of the predicate of a declarative sentence.

主语 — 是不是—谓语 — （宾语）

subject— 是不是—predicate —（object）

例如 E.g.（1）你　是不是　忘　　　　了？

　　　　　（2）他　是不是　买好　生日礼物　了？

“是不是”也可以放在句首或句尾。

“是不是” may also appear at the beginning or end of the sentence.

例如 E.g.（3）是不是乔治搬家了？

　　　　　（4）乔治搬家了，是不是？

2. 你给他准备了什么生日礼物

这里的“了”是动态助词，表示动作行为的完成，只出现在动词或动补结构之后。基本句式为：

Here “了” is an aspect particle，indicating a concluded action，and coming only after verbs or the complements of the verbs. Its basic pattern is：

主语 — 谓语动词 — 动态助词“了”—宾语

subject — predicate verb — 了 — object

例如 E.g. （1）我的朋友 买 了 一套房子。

（2）林达 看 了 这本中文杂志。

动词带上词尾“了”，宾语前一般有数量词或其他定语。

If the verb takes a“了”after it，there should be a modifying numeral-measure word or other attributives before the object.

例如 E.g. （3）上午我给你打了两次电话。

（4）昨天丁文月买了很多水果。

如果宾语简单，可在宾语后另有动词结构，或在句尾加上语气助词“了”。

If the object is short and simple，there may be a verbal construction after the object，or the modal particle“了”added at the end of the sentence.

例如 E.g. （5）我们吃了饭去买东西。

（6）他买了礼物了。

动态助词“了”与语气助词“了”连用，表示动作的完成并事态有了变化。

Apart from that，when the aspect particle“了”and the modal particle“了”are used in succession，they indicate the completed state of an action，and futhermore，a change in the state concerned.

例如 E.g. （7）我已经问了那个问题了。

（8）他已经给你买好了电影票了。

动态助词“了”只表示动作行为的完成，与动作行为发生的时间无关。时间要由时间词语来表示。

While indicating the completion of an action，the aspect particle“了”has nothing to do with the time at which the action takes place. A specific phrase denoting time is needed if the time of the action is desired.

例如 E.g. （9）上星期，我给哥哥写了一封信。

（10）今天我参加了篮球比赛。

（11）下个月你去了中国以后，别忘了给我来信。

连动句、兼语句中的动态助词“了”，一般用在后一动词之后。

In pivotal sentences and sentences with verbal constructions in series，the aspect particle“了”generally goes after the second verb.

例如 E.g.（12）乔治去图书馆借了两本书。

（13）爸爸请朋友吃了中国菜。

带词尾“了”的句子的否定是在动词前加否定副词“没（有）”，句尾不能用“了”。

To make a sentence with the suffix “了” negative，the adverb “没（有）” should be added in front of the verb instead of using it at the end of the sentence.

例如 E.g.（14）他昨天没有去林达家。

（15）上星期我没有给他买词典。

带词尾“了”的句子的正反疑问句形式有：

The affirmative-negative question forms of the sentence with the suffix “了” is as follows：

（16）你看了那个美术展览没有？

（17）你看没看那个美术展览？

3. 你的礼物也买好了

形容词“好”做结果补语，表示完成或达到完善的地步。

As a resultative complement here，the adjective “好” indicates the completion or perfection of an action.

例如 E.g.（1）同学们坐好，现在上课了。

（2）穿好了鞋再走。

（3）明天考试你准备好了吗？

4. 糟糕

“糟糕”是形容词，指事情、情况坏得很，也可用于句首，表示发现了不如意、不好的情况。多用于口语。

“糟糕” is an adjective，commonly used in spoken Chinese to mean a regrettable or unfortunate quality of a thing or situation. It can be put at the beginning of a sentence too，denoting an awareness of something bad or undesirable.

例如 E.g.（1）下午有考试，要是去晚了，那就糟糕了。

（2）糟糕，忘了带钱，怎么买书呢？

5. 面条长长的，表示长寿

形容词一般可以重叠，单音节形容词重叠形式为 AA，双音节形容词重叠形式为 AABB，可以做谓语、定语、状语、补语等。

Adjectives can usually be reduplicated to produce an emphatic effect. For monosyllabic adjectives, the repetition takes the form of AA, whereas for disyllabic adjectives, the form is AABB. They can serve as predicates, attributives, adverbials, complements, etc.

例如 E.g. （1）奶奶，您慢慢儿走。

（2）今天妹妹穿得漂漂亮亮的，她要去参加舞会。

6. 中国人、外国人都有送礼的习俗

中国人送给长辈的生日礼物一般是象征长寿意义的寿星像、字画或食物补品等，长辈对晚辈可送衣物、学习用品等，同辈或朋友、同学之间一般送贺卡或其需要的书籍、用品等，现在流行送生日蛋糕。中国人的习惯一般不当着客人的面打开礼物看，只是当面表示感谢。

In China, the usual choice of birthday presents for elder or senior people may include a picture of the god of longevity, Chinese paintings or caligraphy, or tonic food, all of which have a symbolic significance of a long and healthy life, while for young people, they may receive from their elders or seniors gifts such as new clothes and materials for studying. However, between friends, classmates or people of the same age, gifts like birthday cards, books and stationery are presented. Now, it has become a popular practice to give a birthday cake. Normally, according to the Chinese custom, a gift is not to be opened or displayed in the presence of the guests, though thanks must be extended by the receiver of the gift.

第五课 Lesson 5 明天天气怎么样

一 课文 Text

（田中平和同屋谈论天气。Tianzhong Ping and his roommate talk about the weather.）

田中平：足球比赛一会儿就要开始了。①你看不看？

同屋：我不想看了。明天我要去爬山。今天晚上想早点儿睡。

田中平：明天天气怎么样，知道吗？

同屋：刚才看电视了。天气预报说，明天上午阴，下午晴，最②高温度二十一度。

田中平：不刮风吗？

同屋：不刮风。这儿的春天常常刮风吗？我最讨厌刮大风了。

田中平：你刚来，对这儿的气候还不太适应。这儿的春天时间短，但气候变化比较大，有时风很大。

同屋：夏天快要到了。这儿的夏天热吗？

田中平：这儿的夏天很热，常常下雨。这儿的秋天天气最好，不冷也不热③。

同屋：冬天这儿下雪吗？

田中平：下雪。你会④滑冰吗？

同屋：我不会。冬天我们家乡不下雪。

田中平：今年冬天我教你滑冰，怎么样？

同屋：太好了。比赛就要开始了，你看吧。声音开小一点儿就行。

田中平：你好好儿睡一觉吧。

二 生词 New Words

1.	足球	（名）	zúqiú	football
2.	比赛	（名，动）	bǐsài	match，competition；to match，to compete
3.	开始	（形）	kāishǐ	to begin，to start
4.	爬	（动）	pá	to climb，to crawl
5.	山	（名）	shān	hill，mountain
6.	天气	（名）	tiānqì	weather
7.	电视	（名）	diànshì	television，TV
8.	预报	（动）	yùbào	to forecast
9.	阴	（形）	yīn	overcast，cloudy
10.	晴	（形）	qíng	fine，clear
11.	最	（副）	zuì	the most
12.	高	（形）	gāo	high
13.	温度	（名）	wēndù	temperature
14.	刮	（动）	guā	to blow
15.	风	（名）	fēng	wind
16.	春天	（名）	chūntiān	spring
17.	讨厌	（动）	tǎoyàn	to hate，to dislike
18.	气候	（名）	qìhòu	climate
19.	适应	（动）	shìyìng	to adjust
20.	短	（形）	duǎn	short
21.	变化	（名，动）	biànhuà	change；to change
22.	夏天	（名）	xiàtiān	summer
23.	热	（形）	rè	hot
24.	下	（动）	xià	to come down
25.	雨	（名）	yǔ	rain

26. 秋天	（名）	qiūtiān	autumn
27. 冷	（形）	lěng	cold
28. 冬天	（名）	dōngtiān	winter
29. 雪	（名）	xuě	snow
30. 会	（助动）	huì	can，to be able to
31. 滑冰		huá bīng	to ice-skate
32. 家乡	（名）	jiāxiāng	hometown，home village
33. 声音	（名）	shēngyīn	sound，voice
34. 开	（动）	kāi	to turn（on）

三 功能 Functions

1. 表示动作即将进行或情况即将出现biǎoshì dòngzuò jíjiāng jìnxíng huò qíngkuàng jíjiāng chūxiàn

Indicating an impending action or situation

（1）足球比赛一会儿就要开始了。
看样子一会儿　下雨
汽车　开

（2）夏天快要到了。
听说　考试
我　搬家

2. 表达消息来源biǎodá xiāoxi láiyuán

Indicating the source of information

（1）天气预报说，明天上午阴，下午晴。
汉语老师　中国的自行车最多

（2）听天气预报说，今天上午晴，下午阴，晚上有雨。
妈妈　中国人一般不当面打开礼物

3. 讨厌tǎoyàn

Expressing dislikes

我（最/很）讨厌刮大风。
星期一上课
冬天不下雪

4. 询问并回答（42）（有无某种技能）xúnwèn bìng huídá（42）（yǒu wú mǒu zhǒng jìnéng）

Asking and answering（42）（about one's ability or skill）

A：你　　会滑冰　吗？　　B：我不会。
　　你弟弟　说汉语　　　　　会（说）一点儿
　　你　　　开车　　　　　　我会（开车）

5. 有某种技能/无某种技能 yǒu mǒu zhǒng jìnéng/wú mǒu zhǒng jìnéng

Expressing that one has/does not have a certain ability or skill

（1）我　　会说汉语。　　（2）我　　不会开车。
　　弟弟　　游泳　　　　　　妹妹　　游泳
　　田中平　滑冰　　　　　　田中平　唱中文歌

6. 描述（2）（气候和天气）miáoshù（2）（qìhòu hé tiānqì）

Describing（2）（the climate and weather）

A：这儿的气候怎么样？
　　北京

B：这儿的春天时间短，气候变化比较大，常常刮风；夏天很热，常常下雨；
　　北京　　　　　不长　　　不大　　有时　　　　　比较热　有时
　　秋天天气最好，不冷也不热；冬天下雪，但是很少。
　　　　　　　　　　　　　　　　不冷　有时下雪

A：明天天气怎么样？
　　后天

B：明天上午阴，下午晴，最高温度二十一度，晚上有小雨。
　　后天　　晴　　　阴　　　　　二十八　　　　有风

7. 表达最低要求 biǎodá zuìdī yāoqiú

Making a minimum request

A：我想看电视。　　　　B：你看吧，声音开小一点儿就行。
　　你能得多少分？　　　　　我能得60分
　　听说明天刮风。　　　　　有风没关系，不下雨

四 注释 Notes

1. 足球比赛一会儿就要开始了

这里的“要”是副词，“将要”的意思，和语气助词“了”构成“要……了”格式，表示动作、情况很快将要发生或出现。

Here “要” is an adverb，meaning “将要”（very soon），and is used together with the modal particle “了” to form the construction “要……了”，indicating that an action or a situation is going to take place or emerge very soon.

为强调时间紧迫，还可在“要”前加副词“就”、“快”，也可以只用“快……了”。基本句式为：

If the idea of immediacy is to be stressed，other adverbs “就” or “快” may be put before “要”，or the construction “快……了” may be used. The basic pattern is as follows：

主语—要/就要/快要/快—谓语动词 — 宾语 — 了

subject— 要/就要/快要/快—predicate verb — object — 了

例如 E.g. （1）汽车 快 开 了。

（2）哥哥 快要 做 律师 了。

“要……了”和“就要……了”前面可加表示具体时间的词语做状语，“快要……了”和“快……了”不能加。

Preceding the constructions “要……了” and “就要……了”，but never “快要……了” and “快……了”，there may be time words as adverbials denoting a specific point of time.

例如 E.g. （3）（八点钟）商场 要 开 门 了。

（4）（明天）他 就要 离开 北京 了。

否定式常用“还没（有）……呢”。

The negative of the pattern is often “还没（有）……呢”.

例如 E.g. （5）A：天阴了，下雨了吗？

B：还没（有）下雨呢。

2. 最高温度二十一度

副词“最”表示在同类人或事物中某一方面超过其他，也可表示一种极高程度。

The adverb “最” may be used before an adjective or a verb to express the superlative degree of a comparison among the same group of people or objects.

例如 E.g. （1）我买的是最大、最好的苹果。

（2）他考试的成绩最不好。

（3）弟弟最喜欢打网球。

（4）校园最东边是操场。

中国温度计是采用摄氏（C）计量的，21 度可写成 21℃，零度以下要说零下多少度。零下 15 度，可以写成 -15℃。

In China，centigrade thermometers are adopted. “21 度”（21 degrees centigrade ）is written as “21℃”，and “零下 15 度”（15 degrees below zero）is written as“ -15℃”. But，“零度以下”（temperatures below zero）is read as “零下……度”（……degrees below zero）.

3. 不冷也不热

这里连用两个副词“不”构成的“不……不……”格式，嵌入意思相对的单音节形容词、方位词，是表示适中的意思。

Here the adverb “不” is repeatedly used to form the construction “不……不……”，with contrasting adjectives or locality words of monosyllable after the adverb，indicating a moderate degree of the idea expressed.

例如 E.g. （1）这双鞋不大不小，我穿很合适

（2）他带的钱不多不少，能买一本《汉英词典》。

4. 你会滑冰吗

“会”这里是助动词，“会”也可以做动词用，它们的意思是经过学习掌握了某种技能。可以单独回答问题，否定用“不会”。

The word “会” is an auxiliary verb here，and it can be used also. Both usages indicate that one has acquired an ability or a skill of a certain kind after learning. It can stand by itself as an answer to a question. Its negative is “不会”.

例如 E.g. （1）A：你会汉语吗？

B：我不会汉语，我会日语。（动词）

（2）A：你会写汉字吗？

B：我不会（写汉字，会说汉语）。（助动词）

第六课 Lesson 6 我不是在那儿长大的

一 课文 Text

（苏姗和大卫谈各自的经历。Susan and David talk about their own experiences.）

苏姗：听口音，你好像不是本地人。

大卫：没错儿，我不是本地人。

苏姗：你是在哪儿出生的？[1]

大卫：我是在××出生的。

苏姗：你是在那儿长大的吗？

大卫：不，我不是在那儿长大的。我出生以后不久，我们家就[2]搬到了××郊区。我是在××上的小学和中学。

苏姗：后来[3]呢？

大卫：中学毕业以后我就离开××去中国留学了。

苏姗：你是在北京学的汉语吗？

大卫：对。我是前年才[4]从北京回国的。

苏姗：怪不得[5]你汉语说得这么好，这么流利。

大卫：哪里，哪里，你过奖了。[6]你是本地人吗？

苏姗：怎么说呢？[7]我出生在离本市不远的一个村子。从三岁到十岁我一直[8]跟爷爷、奶奶生活在一起。我十岁那年，爷爷、奶奶先后去世，我才回到城里跟父母住在一起。

大卫：农村生活怎么样？

苏姗：我很喜欢农村的生活。那儿风景很美，有山有水，空气是新鲜的，蔬菜水果也是新鲜的。一切都是那么有意思。

大卫：你是什么时候开始学习汉语的？

苏姗：我是上中学时开始学的。

大卫：你汉语说得也相当不错啊。

苏姗：谢谢。

二 生词 New Words

1.	口音	（名）	kǒuyīn	accent
2.	好像	（副）	hǎoxiàng	like，as if
3.	本地人	（名）	běndìrén	native
4.	长大	（动）	zhǎngdà	to grow up
5.	久	（形）	jiǔ	long
6.	郊区	（名）	jiāoqū	suburbs
7.	上（学）	（动）	shàng（xué）	to go（to school）
8.	后来	（名）	hòulái	later on
9.	毕业		bì yè	to finish schooling，to graduate
10.	离开		lí kāi	to leave
11.	留学		liú xué	to study abroad
12.	前年	（名）	qiánnián	the year before last
13.	才	（副）	cái	only，just
14.	回	（动）	huí	to return，to come back
15.	怪不得	（副）	guàibude	no wonder
16.	流利	（形）	liúlì	fluent
17.	过奖	（动）	guòjiǎng	to overpraise，to flatter

18. 本	（代）	běn	this，origin
19. 村子	（名）	cūnzi	village
20. 一直	（副）	yìzhí	always
21. 生活	（动，名）	shēnghuó	to live；life
22. 先后	（副）	xiānhòu	one after another，in succession
23. 去世	（动）	qùshì	to die，to pass away
24. 父母	（名）	fùmǔ	parents
25. 农村	（名）	nóngcūn	the country，countryside
26. 风景	（名）	fēngjǐng	scenery，landscape
27. 美	（形）	měi	beautiful
28. 水	（名）	shuǐ	water，waters
29. 空气	（名）	kōngqì	air
30. 新鲜	（形）	xīnxiān	fresh
31. 蔬菜	（名）	shūcài	vegetable
32. 一切	（代）	yíqiè	all
33. 那么	（代，连）	nàme	so；then，in that case
34. 相当	（副，形）	xiāngdāng	quite，fairly；suitable

专名 Proper Nouns

大卫	Dàwèi	David
北京	Běijīng	name of China's capital

三 功能 Functions

1. 推测（4）tuīcè（4）

Making a conjecture（4）

A：听口音，	你好像	不是本地人。	B：对，我不是本地人。
看样子，	他	是中国人	不，他是日本人
	你	不喜欢古典音乐	没错，我喜欢通俗音乐

2. 肯定（3）kěndìng（3）

Making an affirmation（3）

A：你好像不是本地人。　B：没错儿，我不是本地人。

王老师搬家了吧？　他搬到城里了

这是你的车吗？　是我的车

3. 询问并回答（43）（出生、成长的地点）xúnwèn bìng huídá（43）（chūshēng、chéngzhǎng de dìdiǎn）

Asking and answering（43）（where one was born and brought up）

A：你　是在哪儿出生的？　B：我　是在北京出生的。

罗西　　罗西　英国

A：你　是在哪儿长大的？　B：我　是在中国长大的。

你哥哥　　我哥哥　美国

4. 表示事情发生或结束得晚 biǎoshì shìqing fāshēng huò jiéshù de wǎn

Expressing that something occurs or ends at a very late point of time

我是前年二月才从北京回国的。

他上午11点　起床

爸爸七点钟　从公司回家

5. 醒悟（1）xǐngwù（1）

Expressing one's sudden awareness of something（1）

A：我是前年才从北京回国的。　B：怪不得你汉语说得这么好。

我昨天感冒了　你没去学校

今天是她的生日　她这么高兴

6. 自谦（1）zìqiān（1）

Expressing self-modesty（1）

A：你汉语说得真好、真流利。　B：哪里，哪里，您过奖了。

你汉字写得很漂亮

你网球打得真好

7. 述说经历shùshuō jīnglì

Describing one's experiences

A：你是在哪儿出生和长大的？

　　您是在本地出生和长大的吗

B：我出生在离本市不远的一个农村。从三岁到十岁我一直跟爷爷和奶奶

　　　　　本市的一个医生家庭　　　五岁　八岁

　　生活在一起。　我十岁那年，爷爷、奶奶先后去世，　以后我才回到城里

　　在别的城市生活　九岁　　　爸爸、妈妈　　去了日本　　我也去了日本

　　跟父母住在一起。

8. 时间（2）（前后相继）shíjiān（2）（qiánhòu xiāngjì）

Time（2）（denoting succession）

我十岁那年，爷爷、奶奶先后去世。

大学毕业后，哥哥和姐姐　　离开了家

我和朋友一起　　　　　　　去了日本、美国、中国

四 注释 Notes

1. 你是在哪儿出生的

“是……的”格式强调一个已经完成的动作发生的时间、地点或方式等。

The construction “是……的” emphasizes the time, place, or manner of a finished action.

例如 E.g.　（1）我是从北京来的。（强调地点）

　　　　　（2）他是九点睡的。　（强调时间）

　　　　　（3）他是坐汽车来的。（强调方式）

“是……的”中间放进要强调的成分，“是”还可以省略，如果是动宾词组，“的”在宾语前或在句尾都可以。

“是” can be omitted when placed before the word group that is emphasized. But if the emphasized word group is a verb-object phrase, then “是” may come either before the object or at the end of the sentence.

例如 E.g. （4）我（是）从农村去的。

（5）他是在晚上七点半打电话的。

（6）他是在晚上七点半打的电话。

如果宾语是人称代词或动词有趋向补语，“的”要放在句尾。

“的” must be put at the end of the sentence if the object is a personal pronoun or the verb is accompanied by a directional complement.

例如 E.g. （7）丁小姐去年是在日本看见田中先生的。

（8）他是早上从家里来到公司的。

否定式是“不是……的”，“是”不能省略。

The negative form of the construction “是……的” is “不是……的” in which “是” is never omitted here.

例如 E.g. （9）丁小姐不是在中国看见田中先生的。

（10）我不是坐汽车来的，是骑自行车来的。

2. 我出生以后不久，我们家就搬到了××郊区

副词“就”表示时间早、时间短或进行得顺利，在句中能做状语，也可用于过去或未来。

The adverb “就” can be used as an adverbial before a verb to denote that something happens earlier or quicker than what one expects, or goes on smoothly. It may be used before a verb showing a past or future action.

例如 E.g. （1）现在是五点钟，你就起床了？

（2）昨天晚上我头疼，八点钟就睡觉了。

（3）路很近，走十分钟就能到。

3. 后来呢

名词“后来”指在过去某一时间之后的时间，用于全句或分句句首，一般不能用于未来的时间。

The noun “后来” is used to indicate the time after a certain point in the past, and comes at the beginning of either a sentence or a clause. It seldom relates to time in the future.

例如 E.g. （1）去年我学习英语，后来又学习汉语。

（2）这件事我不知道，后来是别人告诉我的。

而名词“以后”可以指过去，也可以指将来，可用在句首，也可用在词、词组之后。

But the other noun “以后” may indicate the time either in the past or in the future, and may appear at the beginning of a sentence or after words or phrases.

例如 E.g. （3）中学毕业以后，我就不骑自行车了。　　　　（过去）

（4）现在你学了汉语，以后就可以跟中国人谈话了。（将来）

4. 我是前年才从北京回国的

副词“才”用在时间词、词组后，表示时间晚或时间长，能做状语，可用于过去，也可用于将来。

When the adverb “才” comes after words or phrases denoting time in the past or future，it functions as an adverbial to indicate that an action occurred or will occur later than what is expected.

例如 E.g. （1）现在是中午了，你怎么才起床？

（2）昨天晚上我准备考试，四点钟才睡觉。

（3）他下个月才回来。

5. 怪不得你汉语说得这么好

这里“怪不得”表示说话人明白了原因，不再觉得奇怪，用于复句中表示原因的分句前面或后面。

Here “怪不得” shows that the speaker understands the reason why something is done，and therefore does not feel surprised any more. In a complex sentence，this phrase may come before or after the clause.

例如 E.g. （1）他病了，怪不得没来上课。

（2）怪不得这么冷，下雪了。

（3）怪不得她高兴得大笑，她考了一百分。

6. 哪里，哪里，你过奖了

中国人交际语言的特点之一是自谦，对待别人的称赞，常用“哪里，哪里”、“哪儿的话”、“您过奖了”回答。

Self-modesty is one of the characteristics of Chinese communicative speech，which can always be expressed by “过奖” with one's reply to compliments or praise from the person spoken to.

例如 E.g. （1）A：你写的汉字真漂亮！

B：哪里，您过奖了。

（2）A：您做的饭菜真好吃。

B：哪里，哪里，您过奖了。

7. 怎么说呢

当说话人由于多种原因难以述说时，就可以用“怎么说呢”来引出后面的叙述或回答。

When the speaker feels it difficult to start his account or answer for one reason or another，he may use“怎么说呢”before he goes on.

例如 E.g.　（1）怎么说呢？这件事情很难说清楚。

（2）怎么说呢？他很喜欢运动，但是最近又不爱运动了。

8. 我一直跟爷爷、奶奶生活在一起

副词“一直”表示动作持续不断或状态持续不变，也可修饰否定形式。

The adverb“一直”indicates the continuity of an action or a state，and may modify negatives.

例如 E.g.　（1）这几天一直下雪。

（2）我一直在等你。

（3）这些年他一直没离开北京。

第七课 Lesson 7 妈妈，今天洗衣服吗

一 课文 Text

（丁文月和妈妈谈家务事。Ding Wenyue and her mother talk about housework.）

丁文月：妈妈，我下午出去[1]。

妈妈：到哪儿去？

丁文月：跟同学一起出去玩儿。晚饭以前回来。

妈妈：一会儿你早点儿走，顺便②去交一下儿电费、煤气费。

丁文月：您电话费交了吗？③

妈妈：电话费你爸爸前天交了。

丁文月：电费、煤气费单子在哪儿？

妈妈：你等一下儿，我看看，是不是在抽屉里。哦④，对了，在我的手提包里呢。

（给单子 Mother gives Ding Wenyue the bills.）

妈妈：文月，客厅里的灯不亮，你看看是什么问题，要不要修一修？

丁文月：妈妈，你开开灯，我看看。哦，是⑤不亮。您关了吧，我上去检查一下儿。

（丁文月修开关 Ding Wenyue fixes the switch.）

丁文月：修好了。妈妈，今天洗衣服吗？

妈妈：衬衫、上衣、裤子、裙子、袜子我昨天全洗了。被子、床单下星期再洗。

（丁文月化妆准备外出 Ding Wenyue makes up and prepares to go out.）

丁文月：妈妈，看见我那件蓝毛衣了吗？

妈妈：洗完以后好像放进衣柜里去了，你找找看⑥。

丁文月：找到了。

妈妈：文月，你的手表在这儿，别忘了。单子拿了吗？

丁文月：拿了。

妈妈：你带钱了吗？你多带点儿钱去。

丁文月：知道了。对了，我还得带照相机去，同学们要照相。

妈妈：你的车不是坏了吗？你开我的车去吧。下午我不出去了。

二 生词 New Words

1.	出去		chū qu	to go out
2.	晚饭	（名）	wǎnfàn	supper
3.	以前	（名）	yǐqián	past，before
4.	回来		huí lai	to come back，to return
5.	顺便	（副）	shùnbiàn	at one's convenience
6.	交	（动）	jiāo	to pay
7.	电	（名）	diàn	electricity
8.	费	（名）	fèi	expenses，fee，bill
9.	煤气	（名）	méiqì	gas
10.	单子	（名）	dānzi	bill
11.	抽屉	（名）	chōuti	drawer
12.	哦	（叹）	ò	(an interjection)
13.	手提包	（名）	shǒutíbāo	handbag

14.	灯	（名）	dēng	light，lamp
15.	亮	（形，动）	liàng	bright，light；to shine
16.	关	（动）	guān	to turn off
17.	上去		shàng qu	to go up
18.	检查	（动）	jiǎnchá	to check，to examine
19.	衣服	（名）	yīfu	clothes
20.	衬衫	（名）	chènshān	shirt
21.	上衣	（名）	shàngyī	coat，jacket
22.	裤子	（名）	kùzi	trousers，pants
23.	裙子	（名）	qúnzi	skirt
24.	袜子	（名）	wàzi	socks，stockings
25.	被子	（名）	bèizi	quilt
26.	床单	（名）	chuángdān	sheet
27.	蓝	（形）	lán	blue
28.	毛衣	（名）	máoyī	woolen sweater
29.	进去		jìn qu	to go in
30.	衣柜	（名）	yīguì	wardrobe
31.	手表	（名）	shǒubiǎo	（wrist） watch
32.	拿	（动）	ná	to take，to get，to bring
33.	照相机	（名）	zhàoxiàngjī	camera
34.	们	（尾）	men	（a suffix）
35.	照相		zhào xiàng	to take pictures，to have a picture taken

三 功能 Functions

1. 时间（3）（某时之前）shíjiān（3）（mǒu shí zhīqián）

Time（3）（before a certain point of time）

妈妈，我下午出去，晚饭以前回来。

对不起，四点（钟）　　　　我有课，你四点半来吧

两年　　　　我们家搬到了这儿

2. 表示顺便做某事biǎoshì shùnbiàn zuò mǒu shì

Doing something at one's convenience

一会儿你早点儿走，顺便去交一下儿电费。

下午我去王老师家　　　　想到书店买本书。

你一会儿进城　　　　给我寄封信，可以吗？

3. 询问并回答（44）（某物在何处）xúnwèn bìng huídá（44）（mǒu wù zài hé chù）

Asking and answering（44）（where something is）

A：交费的单子在哪儿？　　　　B：在我的手提包里。

我的蓝毛衣　　　　可能在衣柜里

你的车子　　　　在楼下

4. 强调（4）（确实如此）qiángdiào（4）（quèshí rúcǐ）

Emphasizing（4）（something is truely stated）

A：客厅里的灯不亮了。　　　　B：你开开灯。……噢，是不亮。

那儿的东西很便宜　　　　昨天我去了　　　　便宜

他的病好像好了　　　　我前天见到他了　　　　好了

5. 提醒tíxǐng

Reminding somebody of something

（1）你的手表在这儿，别忘了。
星期五来找我
得带照相机去

（2）别忘了，你的手表在这儿。
明天你还有课
带照相机去

四 注释 Notes

1. 妈妈，我下午出去

动词“来”和“去”常用在其他动词后，表示动作的趋向，动作如果是朝着说话人（或叙述的对象）进行的，就用“来”；动作如果是朝着相反方向进行的就用“去”。这种补语叫简单趋向补语。基本句式为：

The verb “来” or “去” is often used after other verbs to show the direction of a movement. If the movement proceeds toward the speaker (or the thing referred to), “来” is used; if the movement proceeds away from the speaker, “去” is used. Modifiers of this type are known as “simple directional complements”. The basic pattern is:

主语 — 谓语动词 — 来/去—宾语

subject— predicate verb—来/去—object

例如 E.g. （1）他 买 来 一份快餐。

（2）我给他 拿 去 一杯咖啡。

如果宾语是表示处所的词、词组，只能放在中心语和简单趋向补语之间，不能放在“来”、“去”之后。

When the object in the pattern is a noun or a phrase of locality, it should be placed between the verb and the complement “来” or “去”, and never after the complement.

例如 E.g. （3）五点钟我回家去。

（4）老师到楼上来了。

如果宾语是人或事物，放在中心语和简单趋向补语“来”、“去”之间或之后都可以。

But when the object refers to a person or a thing, other than words of locality, it may be placed either between the verb and the complement “来” and “去” or simply after the complement.

例如 E.g.（5）他从门外搬来一把椅子。

（6）他从门外搬一把椅子来。

助词“了”可放在动词后或“来”、“去”之后。

The modal particle “了” may be put after the verb or the complement “来” or “去”.

例如 E.g.（7）他给妈妈拿了一件毛衣去（来）。

（8）他给妈妈拿来（去）了一件毛衣。

2. 顺便去交一下电费、煤气费

副词“顺便”表示趁做某事的方便做另一件事。

The adverb “顺便” expresses the idea that while doing something one does something else at his/her convenience.

例如 E.g.（1）我进城有事，顺便来看看你。

（2）你去图书馆，顺便替我还两本书，可以吗？

3. 您电话费交了吗

这句是问“您交电话费了吗？”为了强调宾语“电话费”，就把宾语提到动词谓语前面，这种形式多用于强调对比，同时还可以使句子简洁紧凑，要注意的是在这种句子中，谓语动词后不能再带别的宾语。这种句子有两种形式。

The normal order of this question should be “您交电话费了吗？” When we wish to make the object “电话费” emphatic, it can be placed in front of the verbal predicate. Besides showing emphasis on the object, sentences with preposed objects also appear neat and compact in structure. But it must be noted that verbal predicate in such a sentence can not take any other object. There are two patterns for sentences of this kind as below:

例如 E.g.（1）我中国菜很喜欢吃。

（2）中国菜我很喜欢吃。

（3）你们汉语、英语都说得很好。

（4）汉语、英语你们都说得很好。

4. 哦，对了，在我手提包里呢

感叹词“哦”常用来表示领会或醒悟。

The interjection “哦” is often used to show one's realization or sudden awareness of something.

例如 E.g. （1）哦，我懂了。

（2）哦，你说对了，就这样办吧。

（3）哦，我忘了你是本地人。

5. 哦，是不亮

这里的动词“是”是“确实”、“的确”的意思，表示强调肯定。“是”要重读。

Here the verb “是”，meaning “确实”，“的确”（indeed，really），indicates the speaker's confirmation or affirmation，and should be pronounced with a strong stress.

例如 E.g. （1）昨天是很冷，零下10度了。

（2）穿布鞋是舒服。

6. 你找找看

这里的“看”是助词，用在动词之后，表示尝试。

Used after the verb，“看” here is just a particle，indicating that one will have a try in doing something.

例如 E.g. （1）让我想想看，这件事怎么办。

（2）先做两天看，也许能做完。

（3）这条裤子你试一下看，合适不合适？

第八课 Lesson 8 历史系输了

一 课文 Text

（田中平和乔治谈排球比赛情况。Tianzhong Ping and George talk about a volleyball match.）

田中平：昨天的排球比赛你看了没有？

乔治：我看了一会儿[1]就走了。

田中平：怎么了？

乔治：我去机场接朋友了。没想到飞机晚点，我等了半天②才接到。

田中平：这场比赛没看完，实在太遗憾了。双方打得都非常好。

乔治：没有办法，我不能不③去接朋友啊。比赛结果怎么样？谁赢了？

田中平：比赛进行了两个多小时，一直到五点多才结束。最后中文系3比2赢了。

乔治：历史系输了？

田中平：对。历史系输了。明天晚上还有一场，是中文系对经济系。

乔治：看来④，你是一个球迷啊。

田中平：没错儿，我是一个球迷。你呢？

乔治：我不但是个球迷，而且还是个运动员。

田中平：下个月学校举行运动会，你参加什么项目？

乔治：我参加四百米、跳高、跳远三个项目。你呢？

田中平：我没有报名参加。

乔治：怎么，你不是每天都锻炼吗？

田中平：是的。我每天早上跑步跑半个小时。吃完晚饭以后散散步。

不过，这都是为了健康。

乔治：中国有句俗语："饭后百步走，活到九十九。"⑤看来，你活一百岁没问题。

田中平：我要是能活一百岁，你这个运动员准能活一百多岁。⑥

二 生词 New Words

1. 排球	（名）	páiqiú	volleyball
2. 机场	（名）	jīchǎng	airport
3. 飞机	（名）	fēijī	plane
4. 晚点		wǎn diǎn	to be late，behind schedule
5. 半天	（名）	bàntiān	quite a while，half a day
6. 场	（量）	chǎng	round（a measure word）
7. 实在	（副）	shízài	really，indeed
8. 遗憾	（形）	yíhàn	regrettable
9. 双方	（名）	shuāngfāng	both sides，both teams
10. 办法	（名）	bànfǎ	way
11. 不能不…		bù néng bù…	can't help（doing sth.）
12. 结果	（名）	jiéguǒ	result
13. 赢	（动）	yíng	to win
14. 进行	（动）	jìnxíng	to go on
15. 结束	（动）	jiéshù	to end，to finish
16. 最后	（名）	zuìhòu	end，at last
17. 队	（名）	duì	team

18. 比	（动，介）	bǐ	to compare；(more) than，...to... (in a score)
19. 输	（动）	shū	to lose
20. 看来		kàn lái	to seem，to look
21. 球迷	（名）	qiúmí	(ball game) fan
22. 不但	（连）	búdàn	not only
23. 而且	（连）	érqiě	but also，furthermore，in addition
24. 运动员	（名）	yùndòngyuán	sportsman
25. 举行	（动）	jǔxíng	to hold
26. 运动会	（名）	yùndònghuì	sports meet
27. 项目	（名）	xiàngmù	item，event
28. 跳高	（动）	tiàogāo	high jump
29. 跳远	（动）	tiàoyuǎn	broad (long) jump
30. 报名		bào míng	to enter one's name，to sign up
31. 锻炼	（动）	duànliàn	to take exercise，to have physical training
32. 跑步		pǎo bù	to run，to do some running (jogging)
33. 散步		sàn bù	to take a walk，to go for a stroll
34. 不过	（连，副）	búguò	however；yet
35. 为了	（介）	wèile	in order to，for the purpose of
36. 健康	（名，形）	jiànkāng	health；healthy
37. 俗语	（名）	súyǔ	proverb，common saying
38. 饭后百步走，活到九十九		fàn hòu bǎi bù zǒu，huó dào jiǔshíjiǔ	A walk after supper enables one to live a long life.

39. 活　（动）　huó　to live

40. 准　（副）　zhǔn　surely

三 功能 Functions

1. 表示出乎意料 biǎoshì chū hū yìliào

Expressing that something is contrary to one's expectation

（真）没想到飞机晚点，我等了半天才接到朋友。

你也这么喜欢中国音乐

你在中国生活了十年

2. 遗憾yíhàn

Expressing regret

这场比赛没看完，实在太遗憾了。

口语考试不及格

这个电影要是不看

3. 必须做某事 (1) bìxū zuò mǒu shì (1)

Having to do something (1)

我　不能不去接朋友，在本市他只认识我。

这事　告诉妈妈，她应该知道

人　吃饭，也不能不工作

4. 表示动作的持续及其时量 biǎoshì dòngzuò de chíxù jíqí shíliàng

Indicating the duration of an action

（1）比赛进行了两个多小时，打得非常好。

参观　四十分钟　很有意思

（2）他早上　跑步　跑　半个小时。

我刚才　骑车　骑了

5. 推测（5）tuīcè（5）

Making a conjecture（5）

看来，你也是一个球迷啊。

你对这儿的气候还不太适应

飞机又晚点了

6. 目的 mùdì

Showing purpose

（1）我每天锻炼身体是为了健康，不是为了参加比赛。

我学习汉语　　去中国旅行

（2）为了学习汉语、研究中国历史，我去了中国。

看这场球赛　　我下午没去上课

四 注释 Notes

1. 我看了一会儿就走了

用表示时段的词、词组放在动词、形容词之后，来补充说明一个动作或状态经历、持续了多少时间，这种补语叫时量补语。

Words or phrases denoting a period of time after verbs and adjectives are used as complements to show the duration in which the action or state lasted. Such complements are called time-measure complements.

例如 E. g. （1）电影讨论会开了一个半小时。

（2）他的病好了一个星期了。

如果有宾语，一般要重复动词，时量补语放在后一个动词后面，也可以不重复动词，把宾语放在时量补语之后。

If the verb takes an object, the verb is commonly repeated, with the time-measure complement placed after the repeated verb; but the verb does not need repeating if the object comes after the time-measure complement.

例如 E. g. （3）我学汉语学了一年了，还要再学两年。

（4）我学了一年汉语了，还要再学两年。

询问时量补语，常用"多长时间"。

Questions about time-measure complements are often formed with "多长时间"（how long）.

例如 E. g. （5）你学了多长时间汉语了？

有些动词表示的动作是不能持续的。如“来”、“去”。它们带时量补语表示的是从动作发生到说话时的一段时间，如有宾语，时量补语要放在宾语的后边。

Verbs like “来”，“去” are instantaneous. The time-measure complements that go with them only indicate the period of time from the point of the occurence of an action to the time of speaking of it. If the verb has an object，the time-measure complement should come after it.

例如 E.g. （6）他们出去一个小时了。

（7）我来中国半年了。

2. 我等了半天才接到

这里“半天”不是真正的半天时间，而是形容说话人感觉时间长，是一种夸张的说法。

Here “半天” does not really mean half a day. It is an exaggeration，conveying the speaker's feeling as if a long time has passed.

例如 E.g. （1）我等你半天了，你怎么才来？

（2）我找他找了半天也没有找到。

3. 我不能不去接朋友啊

用“不能不……”表示强调肯定，“不能不去”的意思是“一定要去”、“必须去”。

“不能不……” expresses a very positive attitude. The meaning of “不能不去” is “一定要去” or “必须去”（have to go，must go）.

例如 E.g. （1）他是学生，不能不去上课。

（2）他病了好几天了，我不能不去看他啊。

4. 看来，你也是一个球迷啊

“看来”是插入语，是揣摩估计的意思。

“看来” is a parenthesis，showing conjecture or estimation.

例如 E.g. （1）看来，这件事还没有完。

（2）看来，他不喜欢打排球。

5. 中国有句俗语：“饭后百步走，活到九十九。”

这句俗语的意思是：每天晚饭以后坚持散步的话，就可以健康长寿。

The meaning of this proverb is that if one takes a walk after supper every day，one can keep oneself fit.

6. 你这个运动员准能活一百多岁

“你”和“这个运动员”指同一个人，这种句子中有两个词语指同一个人或同一种事物，并且互相说明，它们在句法结构中具有同等地位，属于同一语法成分，这叫复指成分，也叫“同位语”。

In this sentence，“你” and “这个运动员” refer to the same person. Two or more words in a sentence referring to the same one person or thing and explaining one another are known as appositives. Their syntactical positions are equal and belong to one grammatical element.

例如 E.g. （1）他的弟弟小亮是中学生。

（2）他学会了几种外语：英语、汉语和日语。

这里的“准”是副词，同“一定”，表示有把握的推断，或表示坚定的决心，或表示必然。

As an adverb，“准” here is equal to “一定”，indicating one's assured judgement，firm determination or certainty.

（3）你等我吧，我准来找你。

（4）我们每天九点准上课。

第九课 Lesson 9 刘江最近情况怎么样

一 课文 Text

（王云山和朋友见面并互相询问其他朋友最近的情况。

Wang Yunshan meets his friend and asks about other friends of theirs.）

朋友：好久不见了，[1] 一切都很好吧。

王云山：都很好。你呢？跟以前一样忙吗？[2]

朋友：我现在跟以前一样，每天忙工作。③

王云山：你太太呢？

朋友：她没有④我忙。我每天工作十几个小时。我今天是来送我侄子的。他去年从中国留学回来以后，在一家广播公司当记者。这次有一个新闻代表团去中国访问，他是代表团的翻译。送走他以后顺便来看看你。

王云山：你是跟代表团一起坐火车来的？

朋友：不，我是一个人开车来的。刘江最近的情况怎么样？

王云山：他啊，他的变化可大啦。⑤他跟以前不一样了。

朋友：怎么不一样？

王云山：他现在在一家化工厂，据说正在做一项非常重要的研究工作。听到杨大伟什么消息没有？

朋友：好消息。

王云山：什么好消息？

朋友：杨大伟有一个新的女朋友了。

王云山：原来的女朋友呢？

朋友：跟她父母到欧洲去了。

王云山：新的女朋友比⑥原来的漂亮吗？

朋友：我觉得她没有原来的漂亮。

王云山：你的感觉不一定对吧。

朋友：也可能。情人眼里出西施嘛。[7]说不定他觉得现在的女朋友比原来的漂亮。（看表 Looking at his watch）对不起，我晚上还有一个约会，不能多待了，有时间我再给你打电话吧。

王云山：好的。请代我向夫人问好。[8]

朋友：好，谢谢。别送了，请留步。[9]

王云山：不送了，请慢走。

二 生词 New Words

1. 一样	（形）	yíyàng	same
2. 跟…一样		gēn …yíyàng	same as，as... as
3. 太太	（名）	tàitai	wife，madam
4. 送	（动）	sòng	to send
5. 侄子	（名）	zhízi	nephew
6. 去年	（名）	qùnián	last year
7. 家	（量）	jiā	(a measure word)
8. 广播	（动，名）	guǎngbō	to broadcast；broadcasting
9. 当	（动）	dāng	to act as，to work as
10. 记者	（名）	jìzhě	reporter，journalist
11. 新闻	（名）	xīnwén	news
12. 代表团	（名）	dàibiǎotuán	delegation
13. 访问	（动）	fǎngwèn	to visit

14. 翻译	（名，动）	fānyì	interpretor, translator; to interprete, to translate
15. 火车	（名）	huǒchē	train
16. 可	（副）	kě	very
17. 啦	（助）	la	(a particle)
18. 化工厂	（名）	huàgōngchǎng	chemical plant
19. 据说	（动）	jùshuō	it is said
20. 项	（量）	xiàng	item (a measure word)
21. 重要	（形）	zhòngyào	important
22. 研究	（动，名）	yánjiū	to research, to study; research
23. 消息	（名）	xiāoxi	news, information
24. 女朋友	（名）	nǚpéngyou	girl friend
25. 原来	（形，副）	yuánlái	original; originally, so
26. 感觉	（名，动）	gǎnjué	feeling; to feel
27. 一定	（形，副）	yídìng	sure; surely
28. 情人眼里出西施		qíngrén yǎn li chū Xīshī	In the eye of the lover, his beloved is a beauty.
29. 嘛	（助）	ma	(a particle)
30. 说不定	（副）	shuōbudìng	maybe, probably
31. 约会	（名）	yuēhuì	appointment
32. 待	（动）	dāi	to stay
33. 代	（动）	dài	for, on one's behalf
34. 向	（介）	xiàng	to
35. 夫人	（名）	fūrén	wife
36. 留步	（动）	liúbù	do not bother to see someone off
37. 慢走		màn zǒu	no hurry, to take care, good-bye

专名 Proper Nouns

刘江 Liú Jiāng a Chinese name

杨大伟 Yáng Dàwěi a Chinese name

欧洲 Ōuzhōu Europe

三 功能 Functions

1. 寒暄hánxuān

Exchanging amenities

A：好久不见了，一切都好吧？　　B：都很好，你呢？
　　　　　　　工作忙吗　　　　　还可以，你忙吗？
　　　　　　　最近忙什么呢　　　忙公司里的事。

2. 相同/不同xiāngtóng/ bù tóng

Similarities /differences

（1）我现在跟以前一样，每天都很忙。
　　她　　　你　　　也是中文系三年级的学生
　　我　　　罗林　　都不住在家里

（2）我们学校跟你们学校　不一样，我们没有中文系。
　　她　　　　你　　　　　　　　她是学历史的
　　这里气候　北京（的气候）　　北京冬天很少下雨

3. 强调（5）（来的目的）qiángdiào (5) (lái de mùdì)

Emphasizing（5）（the purpose of coming）

我今天是来送我侄子的。
我　　　　申请签证
他　　　　找马老师

4. 传闻（2）chuánwén（2）

It is said that...（2）

据说他正在做一项非常重要的研究工作。

你现在在一家广播公司当记者，是吗？

她正在中国留学。

5. 表示比较 biǎoshì bǐjiào

Making a comparison

（1）新的女朋友　比原来的　漂亮。

丁文月的汉语　我　好

坐地铁　坐汽车　快

（2）他　没有我　忙。

我的汉语　她　好

汽车　地铁　快

6. 推测（6）tuīcè（6）

Making a conjecture（6）

说不定他觉得现在的女朋友比原来的漂亮呢。

他已经忘了这件事

明天还会下雨呢

7. 委托转达问候（2）wěituō zhuǎndá wènhòu（2）

Asking sb. to convey one's regards to sb. else（2）

请代我向李老师　问好。

朋友们

你家里人

8. 送别 sòngbié

Seeing a guest off

A：（云山，）别送了，请留步！

请留步，再见（王老师）

B：不送了，请慢走。

好，再见

四 注释 Notes

1. 好久不见了

这是较长时间没有见面的人相见时的客套话，后面常是问候对方有关身体、工作、学习、家庭等方面的情况，表示关心。

This phrase is a polite greeting addressed to a person the speaker has not seen for quite a long time. Following this often is the speaker's concern about the person's health, work, studies, family and so on.

例如 E.g. （1）好久不见了，你身体好吗？家里人都好吧？

（2）好久不见了，你最近怎么样？工作忙不忙？

2. 跟以前一样忙吗

介词“跟”与形容词“一样”常组成“跟……一样”，用于比较两个人或两种事物性状的异同，其基本句式为：

The preposition “跟” and the adjective “一样” often form the construction “跟……一样”, which is used to compare the similarities and dissimilarities of two persons or two things. The basic pattern for this construction is:

A — 跟 — B — 一样

例如 E.g. （1）我的车　跟　你的车　一样。

（2）这本书　跟　那本书　一样。

“A 跟 B 一样”的否定式有两种：

There are two ways to make this pattern “A 跟 B 一样” negative which are shown in the examples below:

例如 E.g. （3）我的手提包跟她的手提包不一样。

（4）丁文月的看法不跟他的看法一样。

正反疑问句形式是：

The affirmative-negative question form of this pattern is illustrated in the following example:

例如 E.g. （5）你的意见跟他的意见一样不一样？

“跟……一样”除了做谓语以外，还可以做定语和状语。

Besides serving as a predicate, “跟……一样” can also serve as attributives or adverbials.

例如 E.g. （6）我也想买一本跟这本一样的词典。　（定语）

（7）去学校跟去你家一样远。　（状语）

3. 每天忙工作

形容词“忙”可用在动词前，意思是忙着做某事，为某事而忙。

The adjective “忙” may be used before a verb to mean “busy doing sth.” or “busy with sth.”.

例如 E.g. (1) 我最近忙学习忙考试。

(2) 客人来了，妈妈忙做饭，我忙招待客人。

4. 他没有我忙

汉语里，“没有”可用于比较，其基本句式为：

In Chinese, “没有” can be used to make a comparison. The basic pattern is as follows.

A — 没有 — B —（这么/那么）比较结果

例如 E.g. (1) 这件毛衣 没有 那件毛衣 （那么）好看。

(2) 妹妹 没有 弟弟 （那么）高。

5. 他的变化可大啦

这里的“可”是表示强调，后面常有语气助词“了”、“啦”、“呢”等。带有感叹语气，“可”要重读。

Here “可”, expressing emphasis, is usually followed by modal particles like “了”, “啦” or “呢” etc., with an exclamatory tone. “可” should be stressed.

例如 E.g. (1) 他汉语说得可好啦。

(2) 农村的蔬菜可新鲜了。

(3) 从城里到郊区，路可不近呢。

6. 新的女朋友比原来的漂亮吗

用介词“比”的比较句是比较两个人或两种事物在性状和程度上的差别。基本句式为：

A comparative sentence with the preposition “比” often contains a comparison of two persons or two things concerning their difference in qualities or degrees. The basic pattern is:

A — 比 — B — 比较的结果

例如 E.g. (1) 汽车 比 自行车 快。

(2) 爸爸这星期 比 上星期 忙。

用“比”的比较句的否定式是：

The negative form of the comparative sentence with “比” is like the following:

(3) 这件衬衫不比那件衬衫贵。

(4) 那个房间不比这个房间大。

要注意的是，否定式“不比”和“没有”的比较句意思不大相同。

Note that a negative sentence of comparison with “不比” is quite different from a negative sentence of comparison with “没有”.

例如 E.g.　(5) 哥哥不比弟弟高。　(哥哥和弟弟差不多高。)

(6) 哥哥没有弟弟高。　(弟弟高，哥哥比弟弟矮。)

7. 情人眼里出西施嘛

“西施”是中国古代的一位美女。后人常用这句话来比喻热恋中的男人觉得对方很完美。

“西施” is the name of a beauty in ancient China, and is often used metaphorically to imply that a man in love will always find his beloved flawless and therefore often regards her as beautiful as “西施”.

“嘛”是语气助词，用于陈述句尾，加强肯定的语气，表示道理或理由是显而易见的。

As a model particle, “嘛” appears at the end of the declarative sentence to emphasize the affirmative tone and to imply the obviousness of the fact or truth.

例如 E.g.　(1) 他早就来了嘛，你不是看见他了吗?

(2) 你不认识我了? 我是你的小学同学嘛!

(3) 农村的空气就是新鲜嘛!

8. 请代我向夫人问好

这是兼语句，常用来请别人转达自己对某人的问候，也可以说“请替我向××问好”、“见到××替我问好”、“问××好”等。

This is a pivotal sentence, often used to ask someone to give one's regards to someone else. “请替我向××问好”, “见到××替我问好”, “问××好” may also be used as alternatives.

9. 别送了，请留步

中国人送客的一般礼仪是：当客人表示要离开时，主人要表示挽留，客人走时，主人要亲自送到大门口，这时客人要说“别送了，请留步”(停下不走)。主人停下后应说“不送了，请慢走（请走好)”、“欢迎以后再来”等。

According to Chinese etiquette in terms of seeing one's guests off, a host/hostess first asks the guest to stay when the guest says he will leave, and then the host should personally see his guest off at the main gate of the house as the guest is leaving. The guest now customarily says “别送了，请留步” (and so stops the host). The host, after stopping, will reply “不送了，请慢走（请走好)” or “欢迎以后再来” etc.

第十课 Lesson 10 今天请大家来尝尝中国饭菜

一 课文 Text

（王云山宴请丁文月、罗杰等人。
Wang Yunshan invites Ding Wenyue，Rodger and others to dinner.）

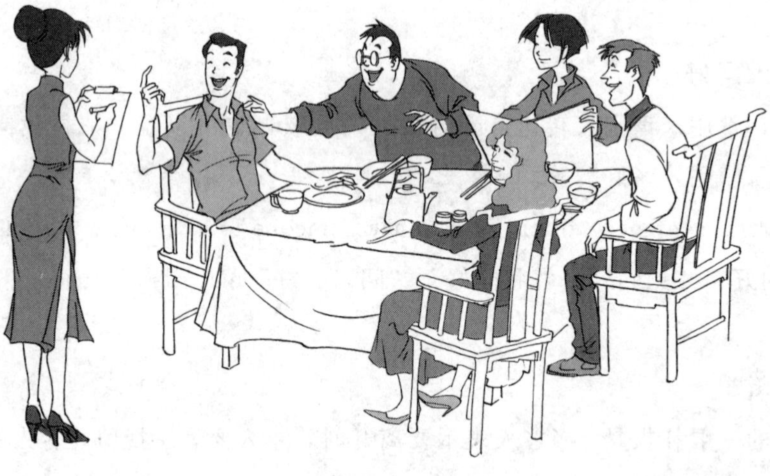

服务员：欢迎你们，请坐。这是菜单。

王云山：这是中国城最有名的饭馆。今天请大家来尝尝中国饭菜[1]。谁来点菜？

田中平：今天你请客，你点吧。

王云山：不。今天我请客，大家点菜。

罗杰：我来这儿吃过[2]两次。我觉得这儿的糖醋鱼不错。来个糖醋鱼，怎么样？

王云山：好。（对服务员 To the waitress）来个糖醋鱼。苏姗，你来点。

苏姗：对不起。我没来过这儿，我也没有吃过中国饭，今天是第一次，你们点吧。

丁文月：你们都这么客气，只好[3]我来点了。（对服务员 To the waitress）炸大虾、红烧牛肉、炒青菜，再来只烤鸭[4]。

服务员：要汤吗？

丁文月：来个豆腐汤。

服务员：喝点儿什么？要酒吗？

王云山：要一瓶葡萄酒、三瓶啤酒，再来一杯汽水，两杯橙汁。

服务员：要点儿米饭吗？

丁文月：来两碗米饭，一盘饺子。

服务员：请稍等一会儿。

罗杰：（对田中平 To Tianzhong Ping）你吃过烤鸭没有？

田中平：没吃过。

罗杰：今天好好儿尝尝。

王云山：（对苏姗 To Susan）你用筷子⑤还是用刀子、叉子？

苏姗：我没有用过筷子。今天想试试。

罗杰：我用过筷子，我会用。我来教你。

（服务员上完菜 The waitress brings up all of the ordered dishes.）

王云山：今天大家有机会坐在一起，我非常高兴。来，为我们的友谊干杯！⑥

丁文月：我提议，为大家的健康干杯！

众人：干杯！

王云山：大家自己来，不要客气。

二 生词 New Words

1.	坐	（动）	zuò	to sit, to be seated
2.	菜单	（名）	càidān	menu
3.	有名	（形）	yǒumíng	famous, well-known
4.	饭馆	（名）	fànguǎn	restaurant
5.	尝	（动）	cháng	to have a taste, to try dish
6.	菜	（名）	cài	dish
7.	点（菜）	（动）	diǎn (cài)	to order (dishes)
8.	请客		qǐng kè	to entertain guests
9.	过	（助）	guo	(a particle)
10.	糖醋鱼		tángcù yú	sweet and sour fish

11. 只好	（副）	zhǐhǎo	to have to
12. 炸大虾		zhá dàxiā	fried prawns
13. 红烧牛肉		hóngshāo niúròu	braised beef
14. 炒青菜		chǎo qīngcài	stir-fried green cabbage
15. 烤鸭	（名）	kǎoyā	roast duck
16. 汤	（名）	tāng	soup
17. 豆腐	（名）	dòufu	bean curd
18. 酒	（名）	jiǔ	wine
19. 瓶	（量）	píng	bottle (a measure word)
20. 葡萄酒	（名）	pútaojiǔ	grape wine
21. 啤酒	（名）	píjiǔ	beer
22. 汽水	（名）	qìshuǐ	soda water
23. 橙汁	（名）	chéngzhī	orange juice
24. 米饭	（名）	mǐfàn	rice
25. 碗	（量）	wǎn	bowl (a measure word)
26. 盘	（量）	pán	dish (a measure word)
27. 饺子	（名）	jiǎozi	dumpling
28. 稍	（副）	shāo	slightly
29. 用	（动）	yòng	to use
30. 筷子	（名）	kuàizi	chopsticks
31. 刀子	（名）	dāozi	knife
32. 叉子	（名）	chāzi	fork
33. 为	（介）	wèi	for; Here's to...
34. 友谊	（名）	yǒuyì	friendship
35. 干杯		gān bēi	to drink a toast
36. 提议	（动）	tíyì	to propose

三 功能 Functions

1. 有某种经历/无某种经历yǒu mǒu zhǒng jīnglì / wú mǒu zhǒng jīnglì

Indicating a/no certain experience

(1) 我来这儿 吃过 两次。

这本书我 读 三遍

爸爸 到 一次中国

(2) 我 没去过那儿。

弟弟 看 中国电影

他 来 我们学校

2. 询问并回答（45）（有无某种经历）xúnwèn bìng huídá（45）（yǒu wú mǒu zhǒng jīnglì）

Asking and answering (45) (if one has a certain experience)

A：你去过北京吗？ B：去过。

吃 饺子 没吃过

养 狗 以前养过

A：你吃过烤鸭 没有？ B：吃过。

来 这儿 没来过

见 人民币 没见过

3. 点菜diǎncài

Ordering dishes

A：您吃点什么？ B：来个糖醋鱼，再来一只烤鸭。

炒青菜 一个豆腐汤

A：要汤吗？ B：要个豆腐汤。

来

A：喝点儿什么？ B：要一瓶葡萄酒，再来两杯汽水。

三瓶啤酒 两杯橙汁

A：要点儿米饭吗？ B：来两碗米饭。

一盘饺子

4．高兴gāoxìng

Expressing one's happiness

（1）今天大家有机会坐在一起，我非常高兴。

学生队赢了教师队　　　　特别

（2）我非常高兴你能帮助我学习汉语。

很　　　　你来看我

5．提议tíyì

Making proposals

（1）提议干杯tíyì gānbēi

Proposing a toast

（我提议/来，）为大家的健康干杯！

我们　友谊

（2）提议做某事tíyì zuò mǒu shì

Proposing to do sth.

我提议，周末我们去爬山。

请丁文月给我们唱一支歌

四 注释 Notes

1．今天请大家来尝尝中国饭菜

中国饭食以米、面为主，可以做出几百种花样，如米饭、饺子、包子等，菜肴各地风味不同。全国有广东菜、四川菜等八大菜系，各菜系又分出许多流派。烹调技法有煮、蒸、烤、炒、炸、煎等上百种。中国菜讲究色（颜色美）、香（气味香）、味（味道好吃）、形（形状好看）。

中国宴请时上菜的顺序是：先上冷盘、饮料和酒类，再上热菜，冷热菜要有荤有素，同时上主食米饭和面食，然后再上汤，最后上点心和水果。

Chinese people mainly prepare their daily food with rice or wheat flour which can have several hundred varieties like steamed bread，dumplings and cooked rice. As for cooked dishes，there are，throughout the whole country，mainly 8 styles such as Guangdong style and Sichuan style，each of which has many different schools，and consequently many different flavours. Then，there are also about a hundred ways of cooking Chinese dishes，boiling，steaming，roasting，frying or stir-frying being the main methods. Chinese food lays stress on its beautiful colour，fragrant smell，delicious taste and elegant shape.

The usual service order of Chinese dishes starts with cold dishes and a beverage, followed by hot dishes, with rice and cooked wheaten food served at the same time, and then, soup succeeded by light refreshments and fruits.

2. 我来这儿吃过两次

这里的"过"是动态助词，用在动词或少数形容词之后，表示过去曾经有过某种经历。基本句式为：

Here "过" is an aspect particle, used after verbs or a few adjectives to indicate a past experience. The basic pattern is:

	主语 —	**谓语动词/形容词** —	**过** —	**(宾语)**
	subject —	**predicate verb/adjective** —	**过** —	**(object)**
例如 E.g. (1)	他	来	过。	
(2)	去年我在北京	住	过	一个月。
(3)	我	看	过	这个电影。
(4)	这种鞋以前	便宜	过。	

否定式用"没有"。

To negate this pattern, "没有" should be used.

例如 E.g. (5) 这件毛衣我还没有洗过。

(6) 我没有见过这个人，我不认识他。

3. 只好我来点了

副词"只好"表示没有别的选择，可用在动词、形容词前，也可以用在主语前。

"只好" is used adverbially to indicate that there is no other choice. It may occur before verbs or adjectives, or even before the subject of a sentence.

例如 E.g. (1) 他不会汉语，只好请你当翻译。

(2) 他们都不去，只好我一个人去。

4. 再来只烤鸭

北京烤鸭是中国传统名菜，已有300多年历史，鸭子的喂养、烤制、吃法都有讲究。现在很多地方都有烤鸭，它们当中有的是正宗的，有的不是正宗的。

Beijing roast duck is one of China's traditional dishes with a history of more than 300 years. Beijing ducks are raised, roasted and eaten in different ways. Now roast ducks are served at many restaurants. Some of them are orthodoxly made, while some are not.

5. 你用筷子还是用刀子、叉子

西方人吃饭习惯用刀叉，中国传统习惯是用筷子，使用筷子已有三千多年历史。筷子巧妙地应用了物理学上的杠杆原理，具有夹、挑等多种功能。

Western people eat with forks and knives while Chinese people eat with chopsticks，a tradition of over 3000 years. The use of chopsticks is a very sophisticated application of the lever law in physics，with various functions like picking up food or pressing food from both sides。

6. 来，为我们的友谊干杯

“为（了）……干杯”是在宴会上主人和客人互相祝酒时常用的话。

“为（了）……干杯” is a common expression delivered at banquets or formal dinners by hosts and guests alike to propose a toast.

例如 E.g. （1）为欢迎××到来干杯！

（2）为了大家的健康干杯！

（3）为祝贺××的生日干杯！

语法小结（三）

A Brief Summary of Grammar (3)

语法小结 A Brief Summary of Grammar

一 补语（一）

Complements (1):

1. 程度补语 Complements of degree

   他唱得很好。

   我汉语说得不太流利。

   田中平跑步跑得怎么样?

   你汉字写得快不快?

2. 结果补语 Resultative complements

   我听见了。

   他没有看懂这个句子。

   你搬完家了吗?

   那个问题你回答对了没有?

3. 简单趋向补语 Simple directional complements

   丁小姐六点半以前回来。

   你明天上午到学校去吗?

   我带来水果了，你不要买了。

   约翰没有进城去。

4. 时量补语 Time-measure complements

   林达病了一个星期。

   他学了一年汉语了，还想再学一年。

   你等他等了多长时间了?

   我们没有参观两个小时，我们只参观了一个多小时。

二 动作的态（一）

Aspects of an action (1):

1. 语气助词“了”表变化态 The modal particle “了” indicating the changed aspect of an action:

   他会游泳了。

   她现在是演员了。

2. 动态助词“了”表完成态 The aspect particle “了” indicating the concluded aspect of an action:

   上午我上了两节汉语课。

   我一会儿吃了饭就回家。

3. “要……了”表将要发生的变化 “要……了” indicating the future aspect of an action:

   苏姗要出院了，我得去接她一下儿。

   比赛就要开始了，你想看吗？

4. “正”、“正在”、“在”、“正/正在/在……呢”表进行态 “正”、“正在”、“在” and “正/正在/在……呢” indicating the progressive aspect of an action:

   你在做什么呢？

   我正在念课文。

5. 动态助词“过”表经历态 The aspect particle “过” indicating the past aspect of an action:

   我去过中国，没有去过日本。

   你吃过饺子没有？

三 比较的方法

Ways of comparison

1. 用“比”的比较句 Comparative sentences using “比”:

   今天比昨天冷。

   他不比你大。

2. 用“没有”的比较句 Comparative sentences using “没有”:

   这儿的水果没有中国城的便宜。

   我的毛衣没有他的毛衣好看。

3.“跟……一样”的比较句 Comparative sentences using“跟……一样”:

你的看法跟我的看法不一样。

他要买一个跟你那个一样的帽子。

四 强调的方法（一）

Ways of emphasizing（1）

1. 用“不是……吗”表强调 “不是……吗”used to show emphasis

你不是会说汉语吗？你帮他一下儿。

他不是感冒了吗？他今天不能来了。

2. 用副词“就”表强调 The adverb“就”used to show emphasis

他就是我们的口语老师。

厕所就在那儿。

3. 用动词“是”表强调 The verb“是”used to show emphasis

今天的练习是很难，你们要好好儿做。

这张画儿是好看，我也想买一张。

4. 用“不能不……”表强调 “不能不……”used to show emphasis

我书包丢了，不能不找啊。

他是我的好朋友，我不能不帮助他。

5. 用副词“可”表强调 The adverb“可”used to show emphasis

那儿的风景可好看了，你应该去一次。

刘太太可会做饭啦，你不知道吧？

五 副词：

Adverbs

1. 副词“就” The adverb“就”:

我今天六点一刻就到学校了。

他十二岁就学会游泳了。

2. 副词“还” The adverb “还”：

我觉得这个电影还可以，你说呢？

今天的天气还好，不刮风也不下雨。

---

3. 副词“才” The adverb “才”：

我今天身体不太舒服，早上七点钟才起床。

他去中国旅行了，下个月才能回来。

第十一课 Lesson 11 我打算参加暑假中文学校

一 课文 Text

（丁文月、田中平、约翰谈个人打算。
Ding Wenyue，Tianzhong Ping and John talk about their individual plans.）

田中平：暑假就要到了，你有什么打算？

丁文月：我已经报名参加××暑假中文学校了。

约翰：听说这个学校的学费很贵，是吗？

丁文月：学费虽然贵一些，但是这个学校办得很好。不少老师是从中国聘请来的，他们有丰富的教学经验。学校除了上课以外，还有不少活动，①练习说汉语的机会很多。参加过的人都很满意。你暑假打算干什么？

约翰：我打算先到北京参加一个短期汉语学习班②，然后③在中国旅行一个月，八月底④回来。

王云山：这个计划不错，既可以学习汉语，提高汉语水平，又能在中国参观旅行，了解中国。⑤

约翰：（对王云山 To Wang Yunshan）你跟我们不一样。你就要毕业了。毕业后有什么打算？

王云山：经过考虑，我已经决定报考研究生读硕士，读完硕士再读博士。⑥

丁文月：你想学什么专业？

王云山：我对中国少数民族⑦历史有兴趣，想学少数民族历史。

田中平：罗杰，你不也是今年毕业吗？你是怎么打算的？

罗杰：我已经申请到中国留学了。因为不知道能不能得到批准，所以暑假能做什么还不知道。⑧

田中平：你想到中国研究中国历史？

罗杰：不，我想研究中国文学。

丁文月：有奖学金吗？

罗杰：如果能得到批准，当然就有奖学金。⑨

王云山：林达今天没有来，她暑假有什么打算？

丁文月：她还是老样子⑩，经济比较困难，暑假得找工作挣点儿钱。

罗杰：她找到工作了吗？

丁文月：她今天面试去了，行不行还不知道。

二 生词 New Words

1. 暑假	（名）	shǔjià	summer vacation
2. 打算	（名，动）	dǎsuan	plan，intention；to plan，to intend
3. 学费	（名）	xuéfèi	tuition fee
4. 办	（动）	bàn	to run
5. 聘请	（动）	pìnqǐng	to invite
6. 丰富	（形）	fēngfù	rich
7. 教学	（名）	jiàoxué	teaching
8. 经验	（名）	jīngyàn	experience
9. 除了…以外		chúle…yǐwài	besides，apart from
10. 活动	（名，动）	huódòng	activity；to act
11. 干	（动）	gàn	to do
12. 短期	（名）	duǎnqī	short-term
13. 然后	（连）	ránhòu	then
14. 底	（名）	dǐ	end

15. 计划	（名，动）	jìhuà	plan；to plan
16. 既…又…		jì…yòu …	not only... but also...
17. 提高	（动）	tígāo	to improve
18. 水平	（名）	shuǐpíng	level，standard
19. 了解	（动）	liǎojiě	to know，to understand
20. 经过	（动）	jīngguò	to go through
21. 考虑	（动）	kǎolǜ	to consider，to think about
22. 决定	（动）	juédìng	to decide
23. 报考	（动）	bàokǎo	to enter oneself for an examination
24. 研究生	（名）	yánjiūshēng	post-graduate
25. 硕士	（名）	shuòshì	master
26. 博士	（名）	bóshì	doctor
27. 专业	（名）	zhuānyè	speciality
28. 少数	（名）	shǎoshù	minority
29. 民族	（名）	mínzú	nationality
30. 因为	（连）	yīnwèi	because，for，as
31. 得到	（动）	dédào	to get，to obtain
32. 批准	（动）	pīzhǔn	to permit，to allow
33. 所以	（连）	suǒyǐ	so，therefore
34. 文学	（名）	wénxué	literature
35. 奖学金	（名）	jiǎngxuéjīn	scholarship
36. 还是	（副）	háishi	still
37. 困难	（形）	kùnnan	difficult
38. 挣	（动）	zhèng	to earn
39. 面试	（动，名）	miànshì	to interview；interview

三 功能 Functions

1. 询问并回答（46）（打算）xúnwèn bìng huídá（46）（dǎsuàn）

Questions and answers（46）（about one's plan）

A：暑假你有什么打算？　　B：我还没想好。

　　周末　　　　　　　　　　我打算去看爷爷

A：你暑假　打算去哪儿？　　B：我打算去旅行。

　　毕业后你　　做什么　　　　　　考研究生

A：你打算什么时候去？　　B：我想三点钟去。

　　他　　几点钟来　　　　　　他打算四点钟来

2. 表达转折关系biǎodá zhuǎnzhé guānxi

Indicating transition

学费虽然贵一些，　但是这个学校办得很好。

她　　　不太漂亮　　　很可爱

今天　　天气不太好　　我们玩得很好

3. 表示排除已知的，补充其他的biǎoshì páichú yǐzhī de，bǔchōng qítā de

Making addition（besides...）

我们学校除了上汉语课（以外），还有不少活动。

我　　　　喜欢游泳　　　　　　喜欢打网球

去参观的　田中平　　　　　　　有罗西、王云山

4. 满意/不满意mǎnyì/bù mǎnyì

Satisfaction /dissatisfaction

（1）参加过汉语短期学习班的人都　很　满意。

　　我对我现在的工作　　　　　　特别

（2）我　非常满意这儿的环境。

　　苏姗 很　　　我送她的礼物

（3）我们对这儿的工作人员很不满意。

　　球迷们对这场比赛

（4）听说经理不（太）满意这种颜色的车。

　　爸爸好像　　　　　我养狗

5. 决定juédìng

Decision

经过考虑，我　决定毕业后考研究生。

经过讨论，医院　同意他明天出院

经过商量，我们　明天结婚

6. 表达因果关系biǎodá yīnguǒ guānxi

Indicating cause and effect

因为我的申请还没有批准，所以不知道能不能去。

我感冒了　　没有来上课

工作特别忙　　没给你写信

四 注释 Notes

1. 学校除了上课以外，还有不少活动

"除了……以外"是一种常用格式，"以外"也可省略。

"除了……以外" is a frequently used pattern in which "以外" may be omitted.

有两种用法："除了……以外，还（也、又）……"这一用法表示排除已知，补充其他。

There are two constructions with "除了……以外". One is "除了……以外，还（也、又）……". This construction is used to make addition, meaning "besides", while excluding the things already known. "以外" may be omitted in this construction.

例如 E.g.　(1) 他除了会英语以外，还会法语。

(2) 我们除了点中国菜以外，又要了中国酒。

"除了……以外，都（全）……"这一用法表示排除特殊，强调一致。

The other construction is "除了……以外，都（全）……". It means "not including" or "excepting".

例如 E.g.　(3) 除了音乐，他对别的都没有兴趣。

(4) 除了丁文月病了没来（以外），我们班的同学全来了。

2. 我打算先到北京参加一个短期汉语学习班。

中国不少大学开办了外国留学生短期汉语学习班，时间数周、数月不等，大多集中在寒假或暑假。

Quite many universities in China now offer foreign students short-term Chinese courses in varying periods of time. Most of these courses are conducted during winter or summer vacations.

3. 然后在中国旅行一个月

连词“然后”常与“先”、“再”呼应，表示在一两件事之后，紧接着又发生另一件事。

The conjunction “然后” is often used together with “先”，“再”，indicating the occurrence of another event after one or two previous ones.

例如 E.g.（1）中国人的习惯是先吃饭，然后喝汤。

（2）星期天我们先去看电影，再去饭馆吃饭，然后去书店买书。

4. 八月底回来

名词“底”可用于年、月之后，表示年、月的末尾。八月底约指八月二十五日至三十一日，年底指十二月或十二月的后半月。

The noun “底” is used after “年”，“月”（year，month）to denote the end of it. So，“八月底”（end of August）means about the period between August 25～31while “年底”（end of the year）means December or even the latter half of the month.

5. 这个计划好，既可以学习汉语……又能在中国参观旅行，了解中国

“既……又……”这一格式，表示同时具有两个方面的性质或情况。

The construction “既……又……” indicates the simultaneous existence of two things or qualities.

例如 E.g.（1）昨天既下雨又刮风，天气很不好。

（2）农村的蔬菜既新鲜又便宜。

（3）他既不喜欢爵士音乐，又不喜欢通俗歌曲，只喜欢古典音乐。

6. 我已经决定报考研究生读硕士，读完硕士再读博士

“报考”是“报名参加某种考试”的意思。中国的学制是小学六年，中学六年，其中初（级）中（学）三年，高（级）中（学）三年，大学一般四年，大学本科毕业取得学士学位，再考硕士研究生，三年毕业取得硕士学位，再考博士研究生，三年毕业取得博士学位，以后还可做博士后。

Here “报考” means “to enter oneself for an examination”. In China，children receive 6 years of elementary schooling and 6 years of secondary schooling with 3 years for junior schooling and 3 more for senior schooling. University education normally lasts 4 years and students who complete their studies receive a bachelor’s degree. A master’s degree is conferred after 3 years’ post-graduate studies. A doctorate will take another 3 years. After this，one may still carry on one’s studies，known as post-doctorate studies.

7. 我对中国少数民族历史有兴趣

中国一共有 56 个民族，其中汉族人口占总人口的百分之九十以上，55 个少数民族主要分布在东北、西南、西北地区。

There are altogether 56 nationalities in China，with the Han nationality making up 90% of the country's population. All the rest of the minorities are scattered chiefly in the northeast，southwest and northwest of the country.

8. 因为不知道能不能得到批准，所以暑假做什么还不知道

"因为……所以……"这一结构用于表示因果关系。"因为"用在复句的前一分句表示原因，"所以"用在后一分句表示结果。也可以单用。也可以先说结果后说原因。

The structure"因为……所以……"is used to show cause-and-effect relation. "因为"is used in the foregoing clause showing cause or reason，"所以"is used in the following clause showing effect or result. Either of the two conjunctions may be omitted，and the order of the two clauses can be exchanged.

例如 E.g. （1）因为天气不好，所以我没去爬山。

（2）他是一般的感冒，所以很快就好了。

（3）昨天没给你打电话，因为我有考试。

9. 如果能得到批准，当然就有奖学金

连词"如果"表示假设条件，后面常有"就"或者"那么"等推断出结论，或提出问题。"如果"也可以省略。

The conjunction"如果"indicating a supposition or presumption，shows condition and is often followed by"就"or"那（么）"to make a conclusion or to put forward a question. "如果"can be omitted.

例如 E.g. （1）如果你不想读硕士，就别去报考了。

（2）如果你没时间，那（么）就不用来了。

（3）不喜欢就别买了。

10. 她还是老样子

"老样子"这里指"跟以前一样"，可用来形容人，也可形容事物。

Here"老样子"meaning"跟以前一样"（the same as before），may be used to describe a person or an object.

例如 E.g. （1）这个地方没有什么变化，还是老样子。

（2）爸爸还是老样子，身体不错，工作很忙。

第十二课 Lesson 12 苏姗赶回去参加她姐姐的婚礼了

一 课文 Text

（张老师和约翰等人谈论婚姻家庭情况。
Mr. Zhang and John and others talk about marriages and families.）

约翰：张老师，他们都走下山去了。[1]我们也慢慢儿走下去吧。

张老师：好的。你什么时候去中国？

约翰：下星期五。

林达：签证拿到了吧？

约翰：还没有呢。上午打电话问大使馆，他们说，签证已寄出来了。估计这两天就能收到。

田中平：苏姗今天怎么没来呢？

林达：她不在。她昨天赶回家去参加她姐姐的婚礼了。

约翰：参加她姐姐的婚礼？她姐姐不是早②就结婚了吗？

林达：是的。早在几年前她姐姐就结婚了，去年她姐夫得病死了，这是第二次结婚。

张老师：哦，原来③是这样。对了，她知道后天有考试吗？

林达：知道，她会赶回来参加考试的④。

田中平：张老师，说起婚姻来，⑤您给我们介绍介绍中国人的婚姻家庭情况⑥，好吗？

张老师：好啊！和其他国家一样，在中国，男女双方恋爱以后，如果两个人关系发展得很好，决定要结婚，就得先领取结婚证书，然后才能成为合法夫妻。

林达：结婚要举行婚礼吗？

张老师：一般都要举行。

约翰　：婚礼在哪儿办？

张老师：很多人在家里办，也有在饭店办的。

田中平：结婚要不要请客？

张老师：当然要请。新郎新娘要请亲戚朋友吃喜糖、喝喜酒。[7]

约翰　：结婚以后还跟父母住在一起吗？

张老师：有的跟父母住在一起，有的不住在一起。[8]

田中平：听说在中国现在离婚的人也比以前多了，是吗？

张老师：主要是一些青年人。我有一个朋友，恋爱时，两个人互相关心，互相帮助，你爱我，我爱你。可是结婚才一年多就离婚了，[9]丈夫说妻子不好，妻子也说丈夫不好。

（张老师和同学们走到山脚下。Mr. Zhang and the students come to the foot of the hill.）

林达　：（对约翰 To John）你的车停在哪儿了？

约翰　：我的车停在那儿。你们在这儿等一下儿，我马上开过来。

二 生词 New Words

1. 下去		xià qu	to go down
2. 慢	（形）	màn	show
3. 大使馆	（名）	dàshǐguǎn	embassy
4. 出来		chū lai	to come out
5. 收	（动）	shōu	to receive
6. 赶	（动）	gǎn	to hurry

7. 回去		huí qu	to go back
8. 婚礼	（名）	hūnlǐ	wedding ceremony
9. 结婚		jié hūn	to get married，to marry
10. 死	（动）	sǐ	to die
11. 这样	（代）	zhèyàng	this
12. 起来		qǐ lai	to start to (do...)
13. 婚姻	（名）	hūnyīn	marriage
14. 恋爱	（动，名）	liàn'ài	to fall in love，to be in love；mutual love between man and woman
15. 发展	（动）	fāzhǎn	to develop，to go on
16. 领取	（动）	lǐngqǔ	to get，to receive
17. 证书	（名）	zhèngshū	certificate
18. 成为	（动）	chéngwéi	to become
19. 合法	（形）	héfǎ	legal，lawful
20. 夫妻	（名）	fūqī	couple，wife and husband
21. 新郎	（名）	xīnláng	bridegroom
22. 新娘	（名）	xīnniáng	bride
23. 亲戚	（名）	qīnqi	relative
24. 喜糖	（名）	xǐtáng	sweets distributed at a wedding
25. 喜酒	（名）	xǐjiǔ	wedding feast
26. 有的…有的…		yǒude…yǒude…	some... some...
27. 离婚		lí hūn	to divorce
28. 青年	（名）	qīngnián	youth
29. 互相	（副）	hùxiāng	each other
30. 关心	（动）	guānxīn	to show concern
31. 爱	（动）	ài	to love
32. 可是	（连）	kěshì	but
33. 丈夫	（名）	zhàngfu	husband

34. 妻子	（名）	qīzi	wife
35. 停	（动）	tíng	to stop，to park
36. 马上	（副）	mǎshàng	at once，immediately
37. 过来		guò lai	to come over

三 功能 Functions

1. 祈使qíshǐ

Making an earnest request

张老师，我们也慢慢走下去吧。

大家别笑了

您给我们介绍介绍吧

2. 强调（6）（动作、情况发生或出现得早）qiángdiào（6）（dòngzuò、qíngkuàng、fāshēng huò chūxiàn de zǎo）

Emphasizing (6) (an action or a circumstance take place earlier than expected)

（1）她姐姐早就结婚了。

我　　　　拿到签证了

（2）刘先生早已不在化工厂工作了。

来信　　　收到了

（3）早在几年前她姐姐就结婚了。

三年前我就开始学习汉语了

一年前他就不在这儿了

3. 醒悟（2）xǐngwù（2）

Sudden aswareness of something (2)

A：她姐姐这是第二次结婚。　　　　B：哦，原来是这样。

我是在中国长大的

我想挣钱，不想学习

4. 引出话题（2）yǐnchū huàtí（2）

Introducing a topic（2）

说起婚姻（来），我很想知道中国人的婚姻情况。

这件事	他最清楚，请他说说吧
他	真是太有意思了……

5. 表达条件关系 biǎodá tiáojiàn guānxi

Indicating a conditional relation

领取结婚证书以后，才能成为合法夫妻。

知道他的电话号码	给他打电话
两天以后	知道考试成绩

6. 强调（7）（数量少或时间短）qiángdiào（7）（shùliàng shǎo huò shíjiān duǎn）

Emphasizing（7）（a small quantity or a short period of time）

他们结婚才一年多，　两个人就离婚了。

我学汉语	三个月	说得不太好
他	喝一杯	他还能喝几杯
我	吃了两个	我还想吃

四 注释 Notes

1. 他们都走下山去了

说这句话的人在山上，"他们"已离开说话人从山上走下山去了。这种由两个趋向动词构成的复合趋向补语，表示人或事物的双重趋向，复合趋向补语中的"来"和"去"表示的方向与简单趋向补语中的"来"、"去"一样。十三个复合趋向补语如下：

By saying this sentence，the speaker，still on the hill，means that "他们"（the others，not including himself）have left the speaker and have gone downhill. Complements made up of two verbs showing directions of movements are named "complex directional complements". The verbs "来" and "去" in complex directional complements are used in the same sense as in simple directional complements. The following table shows the thirteen complex directional complements：

动词 / 复合趋向补语 / 简单趋向补语	上	下	进	出	回	过	起
来	上来	下来	进来	出来	回来	过来	起来
去	上去	下去	进去	出去	回去	过去	

宾语是表示处所的词语，只能位于复合趋向补语中间。

When the object is a word of locality, it must be placed between the two verbs showing directions of movement.

例如 E.g. （1）同学们都走下楼去了。

（2）老师走进教室来了。

宾语如果是表示一般事物的名词，可以位于复合趋向补语中间，也可以位于复合趋向补语之后。

When the object is an ordinary noun, it may occur either at the end or in the middle of the complex directional complement.

例如 E.g. （3）约翰开过一辆汽车来。

（4）约翰开过来一辆汽车。

（5）他从书架上拿出一本词典来。

（6）他从书架上拿出来一本词典。

如果动词有宾语，动态助词“了”一般放在句尾，与语气助词“了”合为一个，或放在复合趋向补语之后、宾语之前，这时动态助词“了”可以省略。

There are two types of “了”, one is an aspect particle, the other is a modal particle. If the verb takes an object, the aspect particle “了” is generally put at the end of a sentence or between the complement and the object. In the first type of sentences, the aspect and modal particles are indicated by one “了” only; in the second type, the aspect particle may be omitted.

例如 E.g. （7）运动员跑回操场去了。

（8）我给她买回来了一件礼物。

（9）我给她买回一件礼物来了。

2. 她姐姐不是早就结婚了吗

这里的“早”是副词，强调事情的发生离现在已有一段时间，后面常用副词“就”、“已经”，句尾常加“了”。

Here “早” is an adverb, often followed by other adverbs “就” or “已经” to stress that something has occurred for a certain period of time. It usually brings along the particle “了” at the end of a sentence.

例如 E.g. （1）她要结婚的事儿，我们早就知道了。

（2）他的出国签证早已经拿到了。

3. 哦，原来是这样

这里的“原来”是副词，表示发现了以前不知道的情况，有恍然醒悟的意思。

“原来” is an adverb here, expressing a sudden awareness of something that has not been discovered or known before.

例如 E.g. （1）我以为他已经回家了，原来他还在学校啊。

（2）昨天的电话，原来是你给我打的啊。

4. 她会赶回来参加考试的

这里“的”是语气助词，用在句尾，表示肯定、确认的语气。

Here “的” is a modal particle, used at the end of a sentence to express a positive or affirmative tone.

例如 E.g. （1）放心吧，我会帮助你的。

（2）老师知道的，苏姗是个好学生，会来参加考试的。

5. 说起婚姻来

这里的“起来”是复合趋向补语的引申用法，是“说”这一动作的开始并继续，“说起……来”，常用于开始或转入一个新话题。

“起来” here is an extended usage of the complex directional complement, denoting the start or continuation of the action “说” (to speak of...). It is often used to start or turn to a new topic.

例如 E.g. （1）说起比赛来，最近我看了两场网球比赛。

（2）说起汽车来，听说罗西刚买了一辆新汽车。

6. 您给我们介绍介绍中国人的婚姻家庭情况，好吗

中国《婚姻法》规定结婚年龄女20岁，男22岁，男女双方自愿结婚，须亲自到婚姻登记机关进行登记，领取结婚证书，即确立夫妻关系。夫妻在家庭中的地位平等。女子结婚后不用改随夫姓。夫妻所生子女可随父姓，也可随母姓。

According to China's Marriage Law, marriage is legal only when a man reaches the age of 22 and the woman 20. They must first go to the marriage registration office to get a marriage certificate on the basis of mutual volition. Once they become wife and husband, they are equal at home. But unlike the West, a Chinese wife need not change her surname after marriage, and their children can take either their mother's or father's surname.

7. 新郎新娘要请亲戚朋友吃喜糖、喝喜酒

中国的婚俗是结婚时要摆喜宴，请亲朋好友参加，新郎新娘先向双方父母敬酒，感谢他们的养育之恩，以后依次向长辈和亲友们敬酒，欢迎和感谢他们前来参加，来宾们也都举杯答礼，说些贺喜的吉祥话，祝愿新人白头偕老。新郎新娘还要请众人吃糖，寓意生活甜蜜幸福。

In China, the newly-weds customarily invite their close relatives and friends to a wedding feast at which they propose toasts first to their parents and parents-in-law, to express their gratitude for having brought them up, then to their elders and friends in the order of seniority to extend their warm welcome and thanks for coming. The guests present will reply to the toasts and offer congratulations, saying something like "Wish you a happy marriage." "Live together till the end of your lives." The bride and bridegroom ask their guests to help themselves with sweets, which imply a happy life thereafter.

8. 有的跟父母住在一起，有的不住在一起

用"有的……有的……"这一格式，表示列举。

The construction "有的……有的……" is used to cite facts or instances.

例如 E.g. （1）这些书，有的我喜欢，有的我不喜欢。

（2）节日的公园里，孩子们有的唱歌，有的跳舞，都高兴极了。

9. 可是结婚才一年多就离婚了

连词"可是"表示转折，意思和用法同"但是"，也可以只用"可"。

The conjunction "可是" indicates transition and has the same meaning and usage as "但是". "可" can be used alone without "是".

例如 E.g. （1）那个男演员不漂亮，可是演得很好。

（2）他汉语说得很流利，可声调不太好。

副词"才"用在数量词组前，可以表示数量少，时间短，只用于过去时，也可以表示程度低。

The adverb "才", when used before numeral-measure words, may indicate a small quantity or short time. It is only used to show a past experience.

例如 E.g. （1）他们两个人才喝了一瓶啤酒。

（2）现在才四月，离暑假还早呢。

第十三课 Lesson 13 我觉得汉语不难学

一 课文 Text

（史迪文和林达、约翰、田中平谈汉语学习。

Steven, Linda, John and Tianzhong Ping talk about learning Chinese.）

林达：你什么时候回来的？

史迪文：前天。

田中平：在中国学了两年汉语，收获很大吧？

史迪文：收获不小。

约翰：你现在汉语说得真好。要是只听你说话，还以为[①]你是中国人呢。

史迪文：你过奖了，我还差得远呢。

约翰：看来，你不仅把[②]汉语学好了，而且把中国人的谦虚也学到了。

史迪文：我汉语说得可能比[③]你们流利一些，可是语言这东西太复杂了，说心里话，[④]我的汉语也只能满足一般社会交际的需要。

田中平：你觉得汉语难学吗？

史迪文：总的来说，汉语不难学。语音方面，除了 zh、ch、sh 和 z、c、s 以外，别的都不难。当然声调比较难，特别是第三声。

田中平：语法难不难？

史迪文：我觉得汉语语法也不太难。

林达：汉字难吧？

史迪文：汉字是难。不过，汉字学多了，就会觉得越来越[⑤]有意思。要想真正学好汉语，必须同时把汉字学好。

约翰：今天有机会见面不容易，把你的好经验都给我们介绍介绍。

史迪文：我觉得，学习一门外语，开始阶段十分重要。把基础打好了，有了信心，有了兴趣，以后就好[6]办了。

林达：你说说，基础阶段你是怎么学的？

史迪文：每次上课的时候，我都非常认真地[7]听老师讲，遇到不懂的地方就问老师，每天早上记生词、念课文，晚上先把旧课复习一下儿，然后做作业、预习第二天的生词和课文，有时间就听录音，写汉字。经过一个学期的努力，我越学越有信心，越学越有兴趣。[8]要说我的经验，就是一个字：多——多听、多说、多读、多写。

林达：你把这么多好经验都给我们介绍了，非常感谢。

二 生词 New Words

1.	收获	（动）	shōuhuò	to gain, to harvest
2.	话	（名）	huà	speech, words, what one says
3.	以为	（动）	yǐwéi	to think
4.	差	（动）	chà	to be far from
5.	不仅	（连）	bùjǐn	not only
6.	把	（介）	bǎ	(a preposition)
7.	谦虚	（形）	qiānxū	modest
8.	语言	（名）	yǔyán	language
9.	复杂	（形）	fùzá	complicated, complex
10.	心	（名）	xīn	heart

11. 满足	（动）	mǎnzú	to satisfy, to meet
12. 社会	（名）	shèhuì	society
13. 交际	（动）	jiāojì	communication
14. 语音	（名）	yǔyīn	phonetics
15. 方面	（名）	fāngmiàn	respect, aspect
16. 声调	（名）	shēngdiào	tone
17. 语法	（名）	yǔfǎ	grammer
18. 基本	（形）	jīběn	basic, fundamental
19. 越来越……		yuè lái yuè…	increasingly, more and more
20. 真正	（形）	zhēnzhèng	real
21. 必须	（助动）	bìxū	must, ought to
22. 同时	（名）	tóngshí	in the meanwhile, at the same time
23. 门	（量）	mén	(a measure word)
24. 外语	（名）	wàiyǔ	foreign language
25. 阶段	（名）	jiēduàn	stage, phase
26. 十分	（副）	shífēn	exceedingly
27. 基础	（名）	jīchǔ	foundation, basis
28. 打(基础)	（动）	dǎ (jīchǔ)	to lay (a foundation)
29. 信心	（名）	xìnxīn	confidence
30. 认真	（形）	rènzhēn	serious, earnest
31. 地	（助）	de	(a particle)
32. 讲	（动）	jiǎng	to talk, to say
33. 遇到		yù dao	to meet, to come across
34. 记	（动）	jì	to memorize, to learn by heart
35. 生词	（名）	shēngcí	new word
36. 复习	（动）	fùxí	to review, to go over
37. 作业	（名）	zuòyè	homework, assignment
38. 预习	（动）	yùxí	to preview
39. 努力	（形）	nǔlì	diligent, hardworking

40. 越…越… yuè…yuè… the more... the more...

41. 感谢 （动） gǎnxiè to thank

专名 Proper Noun

史迪文 Shǐdíwén name of a person, Steven

三 功能 Functions

1. 表示不符合事实的推断(biǎoshì bù fúhé shìshí de tuīduàn)

Making a presumption contrary to reality

只听你说话我(还)以为你是中国人呢。

原来是你， 是王云山呢

今天是2号，原来是3号

2. 表达递进关系biǎodá dìjìn guānxi

Indicating progression (not only... but also...)

你不仅学到了汉语，而且也学到了中国人的谦虚。

我 是个球迷 还是个足球运动员

她 来了 来得很早

3. 表示排除特殊的，强调余者一致biǎoshì páichú tèshū de, qiàngdiào yúzhě yízhì

Excepting

除了zh、ch、sh和z、c、s（以外），别的 都不难。

田中平 我 通知到了

刮风、下雨 他每天 跑步

4. 表示程度逐渐加深biǎoshì chéngdù zhújiàn jiāshēn

Indicating gradual intensification of degree

汉字学多了，就会觉得越来越有意思。

你汉语说得 流利

天气 冷了

5. 必须（2）bìxū（2）

Having to do something / must（2）

要想真正学好汉语，必须同时把汉字学好。

今天是爸爸的生日　　　赶回家去

30 号以前　　　　　　把书还给图书馆

6. 表示后者在程度上随前者的增加而加深 biǎoshì hòuzhě zài chéngdù shang suí qiánzhě de zēngjiā ér jiāshēn

The more... the more...

（1）我越学越有信心。　　　（2）大家越讨论，问题越清楚。

雨　下　大　　　　　　　　我　喜欢他　她　讨厌我

车　开　快　　　　　　　　你　想出院　大夫　不同意

7. 感谢（3）gǎnxiè（3）

Extending thanks（3）

（非常）感谢你给我们介绍这么多好经验。

到机场来接我

对我的帮助

四 注释 Notes

1. 要是只听你说话，还以为你是中国人呢

动词“以为”常表示假设性的判断，或是一个错误的估计。

The verb“以为”often denotes a hypothetical judgment or an erroneous esimation.

例如 E.g.（1）我以为他是中国人呢，现在才知道他是日本人。

（2）弟弟以为一个星期能看完那本杂志，结果两个星期才看完。

有时“以为”同“认为”的意义、用法一样。

Sometimes“以为”is equivalent to“认为”both in meaning and usage.

例如 E.g.（3）我以为（认为）你们的意见是对的。

2. 你不仅把汉语学好了

有介词“把”的动词谓语句是“把”字句，表示对某人、某事物施加某种动作，并强调使某人某事物产生某种结果或对某人、某事物产生某种影响。基本句式为：

Verb-predicate sentences with the preposition “把” are known as “把” sentences which contain a subject (a person or a thing) and an action with emphasis on a result or an effect on the object (also a person or a thing). The basic pattern is:

主语 — 介词“把” — 宾语 — 谓语动词 — 其他成分

subject　prep.“把” — object　predicate verb　other elements

状语（介词“把” — 宾语）

adverbial

例如 E.g. (1) 我　把　那杯茶　喝　完了。

“把”字句的主语一定是施事者，是谓语动词动作的发出者。“把”字句的谓语动词是及物的，并能在意义上支配、影响宾语。

The subject in a “把” sentence must be the doer of the predicate verb. The predicate verb in the “把” sentence must be transitive and is able to dominate the object.

例如 E.g. (2) 他把门关了。(可以说“关门”)

(3) 妹妹把衣服洗好了。(可以说“洗衣服”)

谓语动词后，必须有其他成分，可以是动词重叠，或是动补结构，或带“了”、“过”等。

The predicate verb must be followed by other elements like reduplicated verbs or verbal structures as complements, or “了”, “过”, etc.

例如 E.g. (4) 快考试了，你把书好好儿看看。

(5) 请你把你的地址写一下儿。

(6) 我把他的事儿早跟你说过，你忘了吗？

宾语一般是确指的，前边常有指示代词或其他定语，或者是指对话双方都明确的人或事物。

The object in the “把” sentence is usually definite, with a demonstrative pronoun or attributives of other kinds preceding it, otherwise the object should be understood by both speakers.

例如 E.g. (7) 弟弟把我的自行车骑走了。

(8) 他把笔和本子放在书包里了。

否定副词、助动词都要放在“把”之前。

Negative adverbials and auxiliary verbs should appear in front of the preposition “把”.

例如 E.g. (9) 我不想把书还给他，我还没看完呢。

(10) 他没把电视看完就走了。

3. 我汉语说得可能比你们流利一些

带程度补语的“比”字句，介词“比”可以放在谓语动词前，也可以放在谓语动词后、补语前，还可以放在重复的谓语动词后。

In the “比” sentences with complements of degree, the preposition “比” may appear before the predicate verb or between the predicate verb and the complement, or even after the repeated verb.

例如 E.g. （1）弟弟比我跑得快。

（2）弟弟跑得比我快。

（3）弟弟跑步跑得比我快。

在“A 比 B”比较句中，除了用形容词表示比较结果外，还可在形容词后面加数量词组，说明比较的具体差别。

In sentences with the pattern “A 比 B”, adjectives are used to show the result of comparison, and there may be numeral-measure words or phrases after the adjective to show the specific difference in the comparison.

例如 E.g. （4）他比我大一岁。

（5）她跳舞跳得比我好多了。

4. 说心里话

“说心里话”指说出内心的真实想法，或指说出实际情况，也可以说“说真的”或“说实在的”。

The phrase “说心里话” means “to speak one's mind” or “to tell the truth”, similar phrases are “说真的”, or “说实在的”.

例如 E.g. （1）我只对好朋友才说心里话。

（2）说心里话，我有点儿怕考试。

（3）说真的（说实在话），我不喜欢他。

5. 汉字学多了，就会觉得越来越有意思

用副词“越”组成“越来越……”在句中做状语，表示人或事物在某方面的程度随着时间的增加而产生变化。句中只能有一个主语。基本句式为：

The adverb “越” can form the adverbial phrase “越来越” in a sentence to indicate that a certain aspect of a person or a thing is undergoing a process of changing or increasing as time goes by. The sentence can only take one subject. The basic pattern is show below:

人或事物 — 越来越 — 变化的方面

person or thing — 越来越 — aspect of change

	（主语） （subject）	（状语） （adverbial）	（谓语） （predicate）
例如 E.g.	（1）天气	越来越	冷了。
	（2）妹妹	越来越	漂亮了。

6. 有了兴趣，以后就好办了

这里的“好”是形容词，“容易”的意思。“好办”是“容易做”。

Here “好” is an adjective, meaning “easy”, “好办” consequently means “easy to do” or “easily done”.

例如 E.g. （1）这个语法问题不复杂，好懂。

（2）这条路车太多，不好走。

7. 我都非常认真地听老师讲

这里的“地”是结构助词，状语的标志。常与动词、动词词组，形容词、形容词词组，主谓词组或副词结合做状语。

Here “地” is a structural particle, used as a signifier of an adverbial in written Chinese. Such being the case, “地” is often combined with verbs or verbial phrases, adjectives or adjective phrases, or subject-predicate phrases, or simply adverbials.

例如 E.g. （1）老人慢慢地走了。

（2）我们高兴地说：妈妈做的菜太好吃了。

（3）雨不停地下，风不停地刮。

8. 我越学越有信心，越学越有兴趣

副词“越”连用，“越 A 越 B”表示在程度上 B 随 A 的增加而增加，两个谓语可以是动词、动词词组，形容词、形容词词组，或一个是动词、动词词组，一个是形容词、形容词词组。可以是同一主语，也可以是不同主语。

The construction “越 A 越 B” shows the increasing degree of B as A increases. The two predicates can be verbs or verbal phrases, adjectives or adjective phrases, one may be a verb or verbal phrase, and the other an adjective or adjective phrase. The construction may have one or two different subjects.

例如 E.g. （1）大家对历史越研究越有兴趣。

（2）风越刮越大，雪也越下越大。

（3）妈妈越让弟弟学习，弟弟越不学习。

第十四课 Lesson 14 他长得什么样子

一 课文 Text

（田中平向同屋描述来访者的长相和打扮。

Tianzhong Ping describes the visitor's appearance and dress to his roommate.）

同屋：怎么门也开着，窗户也开着？[1]

田中平：刚才来了几个同学，在这儿抽烟，所以我把门和窗户都打开了。你怎么回来这么晚呢？

同屋：十一点有个中国文化艺术讲座，我去听了。十二点多才完。听完讲座我就去联系卖车的事情了。

田中平：你真的决定把车卖了？是不是想买一辆新的？

同屋：有这个打算。

田中平：哦，对了，中午有个人来找过你。你不在。

同屋：他没说叫什么名字？

田中平：没有。她一听说你不在就走了。[2]

同屋：是怎么来的？

田中平：是开着车来的。

同屋：长得什么样子。

田中平：高高的个儿，圆圆的脸，不胖也不瘦，挺漂亮的。[3]

同屋：大概有多高？

田中平：我看有一米七左右。

同屋：有多大岁数？

田中平：看样子，二十多一点儿。

同屋：黑头发、黄皮肤的，是吗？

田中平：对，戴着一副眼镜，穿着一条牛仔裤，一件夹克衫，一双黑皮鞋，手里拿着一个帽子。

同屋：我知道他是谁了。

田中平：谁啊？

同屋：我外甥，他从南方来旅行。

田中平：哈哈，你猜错了，不是男的，是一个女的。④

同屋：女的？

田中平：对。

同屋：女的？那是谁啊？

田中平：别管是谁了。她让你晚上给她打个电话。

同屋：她留下⑤电话号码了吗？

田中平：她的电话号码在我的本子上写着呢。我的本子放在哪儿了呢？你等一下儿，我给你找找。

二 生词 New Words

1. 门	（名）	mén	door
2. 着	（助）	zhe	(a particle)
3. 窗户	（名）	chuānghu	window

4. 抽(烟)	(动)	chōu (yān)	to smoke (a cigarette)
5. 烟	(名)	yān	cigarette
6. 晚	(形)	wǎn	late
7. 文化	(名)	wénhuà	culture
8. 艺术	(名)	yìshù	art
9. 讲座	(名)	jiǎngzuò	lecture
10. 联系	(动)	liánxì	to contact
11. 卖	(动)	mài	to sell
12. 事情	(名)	shìqing	matter, thing, affair
13. 辆	(量)	liàng	(a measure word)
14. 一…就…		yī…jiù…	as soon as...
15. 个儿	(名)	gèr	height, stature
16. 圆	(形)	yuán	round
17. 脸	(名)	liǎn	face
18. 胖	(形)	pàng	fat
19. 瘦	(形)	shòu	thin
20. 挺	(副)	tǐng	very, quite
21. 头发	(名)	tóufa	hair
22. 黄	(形)	huáng	yellow
23. 皮肤	(名)	pífū	skin
24. 戴	(动)	dài	to wear
25. 副	(量)	fù	pair (a measure word)
26. 眼镜	(名)	yǎnjìng	glasses, spectacles
27. 牛仔裤	(名)	niúzǎikù	jeans
28. 夹克衫	(名)	jiākèshān	jacket
29. 皮鞋	(名)	píxié	leather shoes
30. 帽子	(名)	màozi	hat, cap
31. 外甥	(名)	wàisheng	nephew
32. 南方	(名)	nánfāng	south

33. 哈哈	（象声）	hāhā	(an onomatope)
34. 管	（动）	guǎn	to care, to bother about
35. 留（下）	（动）	liú (xia)	to leave (behind)
36. 放	（动）	fàng	to put

三 功能 Functions

1. 表示状态的持续（1）biǎoshì zhuàngtài de chíxù (1)

Indicating the continuation of a state (1)

（1）电视　开着。
　　灯　　亮
　　门　　关

（2）宿舍　开着窗户。
　　她　　戴　眼镜
　　手里　拿　一本书

2. 表示前一动作或情况出现后，后一动作或情况随即发生biǎoshì qián yí dòngzuò huò qíngkuàng chūxiàn hòu, hòu yí dòngzuò huò qíngkuàng suíjí fāshēng

Indicating that two actions occur one after the other (as soon as...)

（1）他一听说你不在就走了。
　　你　问　　　　知道了
　　她　学　　　　会了

（2）我一教，　你　就会了。
　　你　来　　他　　走了
　　天　晴　　我们　去爬山

3. 询问并回答（47）（动作的方式）xúnwèn bìng huídá (47) (dòngzuò de fāngshì)

Questions and answers (47) (about the manner of an action)

A：她是怎么来的？
　　你　　　去
　　她　　　说

B：是开着车来的。
　　我是骑车去的
　　她让你给她打电话

4. 描述（3）（外貌）miáoshù（3）（wàimào）

Describing（3）（one's appearance）

A：她　　长得什么样子？

　　那个人

B：高高的个儿，圆圆的脸，不胖也不瘦，黑头发，黄皮肤，戴　眼镜，长得挺漂亮的。

　　高　　　长　　　不太胖　　　黄　　　白　　　不戴　　　　还可以

5. 估计（3）gūjì（3）

Making an estimation（3）

A：她大概有多高？　　　　B：我看有一米七左右。

　　我们再等一会儿吧。　　　　他不会来了

　　罗西也去吗？　　　　　　　他不想去

6. 表示状态的持续（2）biǎoshì zhuàngtài de chíxù（2）

Indicating the continuation of a state（2）

她的电话号码在我的本子上写着呢。

门和窗户都开

报纸在桌子上放

7. 询问并回答（48）（某物放在何处）xúnwèn bìng huídá（48）（mǒu wù fàngzài hé chù）

Asking and answering（48）（where something is put）

A：今天的报纸放在哪儿了？　　B：在我房间的桌子上。

　　火车票　　　　　　　　　　　放在抽屉里了

A：妈妈，我衣服放在哪儿？　　B：放（在）床上吧。

　　请问，这东西　　　　　　　　　沙发旁边

四 注释 Notes

1. 怎么门也开着，窗户也开着

“着”是动态助词，表示一个动作或动作结果的状态正在持续。基本句式为：

“着” is an aspect particle, indicating the continuation of an action or the state of a concluded action. The basic pattern is:

主语 — 谓语动词 — 着— （宾语）

subject—predicate verb—着— （object）

例如 E.g.（1）学生　坐　着。（坐的动作在持续）

（2）老师　拿　着　书。（拿的动作在持续）

（3）她　穿　着　一件漂亮的毛衣。（穿的动作已完成，穿的结果的状态仍在持续）

“动词＋着”做状语也可以表示行为的方式。

A verb with “着” can be used to serve as an adverbial, indicating the manner of an action.

例如 E.g.（4）老师站着讲课，学生坐着听课。

（5）我们带着面包，坐着汽车去郊区玩了一天。

“正在（在、正）＋着＋（呢）”可以表示动作的持续和进行同时发生。

“正在（在、正）＋着＋（呢）” may indicate that an action is still going on since it started.

例如 E.g.（6）爸爸正打着电话呢。

否定式是在动词前加“没（有）”。

The negative of “着” is expressed by putting “没（有）” before the verb.

例如 E.g.（7）A：你带着钱没有？

B：没带着。（或只说“没有”）

“着”只表示动作处于持续状态，与动作发生的时间无关（多由时间词语表示动作发生的时间）。“着”可用于过去、现在和将来。如果句中没有指明时间的词语时，一般是指现在说话时发生的。

“着” only indicates the progressive aspect of an action. It does not tell when the action takes place, so time words/phrases will be needed if the specific time of the action is desired. “着” can be used in sentences to show a past, present and future action. If there are no words relating a definite point of time in a sentence, it usually refers to a present action.

例如 E.g.（8）昨天下着雨，他也去跑步了。

（9）明天你带着护照去申请签证。

（10）现在我拿着借书证去图书馆。

副词“也”连用，中间一般嵌入动词，表示两种动作、状态同时存在。

The repeated form of the adverb “也” is generally inserted by a verb, indicating the coexistence of two actions or states.

例如 E.g. （1）他也会说英语，也会说法语。

（2）爷爷也喜欢养鱼，也喜欢养鸟。

（3）你也到了，他也到了，可以开会讨论了。

2. 她一听说你不在就走了

用"一……就……"格式表示两件事紧接着发生，谓语可以是动词、动词词组或形容词、形容词词组。可以共用一个主语，也可以是两个主语。

The construction "一……就……" indicates that two actions happen closely one after the other. The predicate may be verbs or verbal phrases, adjectives or adjective phrases, and the construction may have one or two subjects.

例如 E.g. （1）他一下课就去图书馆了。

（2）老师一讲我们就懂了。

"一……就……"也可以表示假设条件关系。

"一……就……" may also indicate a hypothetical condition.

例如 E.g. （3）一感冒就可能发烧。

（4）他一看书就忘了时间。

3. 挺漂亮的

副词"挺"表示程度，跟"很"相近，用于口语。"挺"修饰动词、形容词，后常加"的"。

The adverb "挺" indicates degree or extent. It is used colloquially like the other word "很" to modify verbs and adjectives, followed usually by "的".

例如 E.g. （1）妹妹挺喜欢这个电影，她说挺有意思的。

（2）我挺想参加游泳比赛的。

4. 不是男的，是一个女的

区别男女性别时，汉语习惯说成"男的"、"女的"，不说"男人"、"女人"。

To tell sexes in Chinese, "男的" (male) and "女的" (female) are more often used than "男人" (man) and "女人" (woman).

例如 E.g. （1）学生宿舍楼里，一层住男的，二层住女的。

（2）她不爱那个男的，不想跟他结婚。

区别男女职业则说：女经理、男老师、女工作人员、男会计、男律师、女运动员等。

When talking about occupations and positions held by men or women, the word "男" or "女" should be put in front of the word denoting the occupation or position concerned. For example, "女

经理”，“男老师”，“女工作人员”，“男会计”，“男律师”，“女运动员”，etc.

5. 她留下电话号码了吗

这里的“下”做补语，是引申用法，表示通过动作使人或事物固定或停留在某处。

Here “下” functions as a complement to indicate that a person or a thing is caused to stay at a place.

例如 E.g. （1）老师讲的我在本子上都写下了。

（2）下课后，老师把我留下，问了我好几件事。

第十五课 Lesson 15 这个城市的公共交通情况怎么样

一 课文 Text

（丁文月和表姐谈论本市公共交通情况。Ding Wenyue and her cousin talk about the city's traffic.）

丁文月：都①八点了，你才回来啊！

表姐：别提了，②今天太倒霉③了。

丁文月：怎么了？出什么事儿了？[4]

表姐：刚才我开车没系安全带，被[5]警察发现了。

丁文月：你怎么搞[6]的？不应该啊！警察罚你了吗？

表姐：罚了，罚了我十块钱。

丁文月：开车不系安全带，这可是你的不对啊！

表姐：我没说我对啊。我知道是我的错儿，我不应该那样做。

丁文月：以后开车可得注意啊！

表姐：好，我以后一定注意！我第一次来这儿，对这儿的情况不了解，这个城市的公共交通情况怎么样？

丁文月：公共交通应该说还是比较方便的。全市有八十多路公共汽车，还有无轨电车和地铁。除了这些以外，出租汽车也很多，服务态度也不错。夜里要用车，打个电话，一会儿就到。

表姐：火车、飞机怎么样？

丁文月：火车也挺方便的。火车站就在中国城南边，离这儿大概有十公里。火车可以直达十几个大城市。飞机有八条国内航线，两条国际航线。

表姐：几天来[7]，我发现这里骑自行车的人不多。

丁文月：有些年轻人喜欢骑，主要是为了锻炼身体。

表姐：暑假我去了北京。北京的自行车真多啊！听说北京百分之三十以上⑧的交通事故都跟自行车有关。⑨

丁文月：开汽车也常发生交通事故。前天我的一个朋友刚出了事儿，他开车不遵守交通规则，和前面开过来的汽车撞了，结果受了重伤。

二 生词 New Words

1.	别提	（动）	biétí	not to speak of, to say no more
2.	倒霉		dǎo méi	to be unlucky, to be unfortunate
3.	出	（动）	chū	to happen
4.	系	（动）	jì	to fasten
5.	安全带	（名）	ānquándài	safety belt
6.	被	（介）	bèi	by
7.	警察	（名）	jǐngchá	police, policeman
8.	发现	（动）	fāxiàn	to discover, to find out
9.	搞	（动）	gǎo	to do
10.	罚	（动）	fá	to fine, to punish
11.	注意	（动）	zhùyì	to take care, to take notice of
12.	城市	（名）	chéngshì	city
13.	公共	（形）	gōnggòng	public
14.	无轨电车		wúguǐ diànchē	trolleybus
15.	出租汽车		chūzū qìchē	taxi
16.	服务	（动）	fúwù	to serve
17.	态度	（名）	tàidu	attitude

18. 夜	（名）	yè	evening, night
19. 火车站	（名）	huǒchēzhàn	railway station
20. 公里	（量）	gōnglǐ	kilometer
21. 直达	（动）	zhídá	to reach without stopping, to go straight
22. 首都	（名）	shǒudū	capital
23. 国内	（名）	guónèi	internal, domestic
24. 航线	（名）	hángxiàn	route
25. 国际	（名）	guójì	international
26. …来	（助）	…lái	over, for
27. 这里	（代）	zhèli	here
28. 有些	（代）	yǒuxiē	some
29. 年轻	（形）	niánqīng	young
30. 发生	（动）	fāshēng	to take place, to happen
31. …分之…		…fēn zhī…	*used in fractions and percentages*
32. 以上	（名）	yǐshàng	more than, over
33. 有关	（动）	yǒuguān	to be concerned with
34. 事故	（名）	shìgù	accident
35. 遵守	（动）	zūnshǒu	to abide by
36. 规则	（名）	guīzé	rule
37. 撞	（动）	zhuàng	to run down
38. 重伤	（名）	zhòngshāng	serious injury

三 功能 Functions

1. 强调（8）（时间晚或时间长）qiángdiào (8) (shíjiān wǎn huò shíjiān cháng)

Emphasizing (8) (lateness of time or a long period of time)

都八点多了，你才回来啊！

十二点　　该休息了。

一个月　　还没找到工作。

2. 责问zéwèn

Blaming

你（是）怎么搞的？为什么不通知我？

他　　　　　　　　把词典都丢了。

哥哥　　　　　　　把妈妈的生日都忘了。

3. 辩解biànjiě

Defending

A：开车不系安全带可是你的不对。　　B：我没说我对啊！

　　你为什么不帮助弟弟？　　　　　　　　　　不帮助他。

　　听说你不想去了。　　　　　　　　　　　　想去啊。

4. 后悔hòuhuǐ

Regretting

我（真）不应该那样做，　这是我的错误。

　　　　　　跟她结婚　　我们生活得很不愉快

　　　　　　告诉他　　　他现在对我很不满意

5. 保证（1）bǎozhèng（1）

Assurance（1）

警察先生，我以后开车一定系安全带。

表姐，六点钟我　　　　开车来接你

李老师，我结婚时　　　请你吃喜糖

6. 表示发现某种情况biǎoshì fāxiàn mǒu zhǒng qíngkuàng

Discovering a circumstance

我发现这个城市骑自行车的人不多。

　　你这几天好像不高兴，怎么了？

　　这儿的服务态度越来越好。

7. 表示一事与另一事相关biǎoshì yí shì yǔ lìng yí shì xiāngguān

Indicating the interration of two things

听说很多交通事故都跟自行车　有关。

能不能学好外语　　学习环境

这件事　　　　　　他

四 注释 Notes

1. 都八点了，你才回来啊

副词"都"在这里是"已经"的意思，句尾常用"了"。

The adverb"都" means"已经"(already) here. It often occurs at the end of a sentence.

例如 E.g. (1) 爷爷都七十岁了，早都退休了。

(2) 现在都秋天了，还这么热。

2. 别提了，今天太倒霉了

"别提了"是说话人希望别人不要再提起、谈到某人、某事物或某情况，免于涉及不愉快的话题。

"别提了" signifies the speaker's wish that a certain unpleasant thing or topic be avoided.

例如 E.g. (1) 别提了，这次我考得很不好。

(2) 别提了，跟这种人不能交朋友。

3. 今天太倒霉了

"倒霉"指遇事不利，遭遇不好。

"倒霉" here refers to one's unfortunate experiences.

例如 E.g. (1) 真倒霉，今天比赛我们队输了。

(2) 他挺倒霉的，去得很早，可还是没买到音乐会的票。

4. 出什么事儿了

"出什么事儿了?"可以指"发生什么事情了?"、"出现什么问题了?"如只说"出事儿了"，多指发生了严重的事故，常用于口语。

"出什么事儿了?" may mean"发生什么事情了?""出现什么问题了?"(What's happened? Is there anything wrong?) If only"出事儿" is remarked, it mostly refers to the happening of a serious event and is often used in spoken Chinese.

例如 E.g. （1）你脸色不好，出什么事儿了？

（2）飞机出事儿了，死了不少人。

5. 被警察发现了

用介词“被”来表示被动的动词谓语句称为“被”字句，它说明人或事物受到某种动作的影响，产生某种结果。被字句对主语来说大多是不愉快或受损害的情况。基本句式为：

Verb-predicate sentence with the preposition “被” indicating passivity is known as “被” sentences. They show the result of an action upon a person or a thing. Subjects in “被” sentences are always recipients of unpleasant occurrances or damage. The basic pattern for this type of sentences is:

主语 — 介词“被” — 宾语 — 谓语动词 — 其他成分

subject — prep. “被” — object — predicate verb—other elements

（受事者） （施事者）

（recipient） （performer）

（状语）

（adverbial）

例如 E.g. （1）他 被 汽车 撞 伤了。

（2）我的词典 被 约翰 借 走了。

“被”字句中的主语一定是受事者，可以是人或事物，是接受谓语动词动作的对象。

The subject in a “被” sentence, either a person or an object, must be the recipient of the predicate verb.

“被”的宾语在意义上是动作的发出者（施事者），有时可以省略。

The object of the preposition “被” must be the notional performer of an action. It can sometimes be left out, though.

例如 E.g. （3）窗户被（风）吹开了。

（4）他被罚了一次。

“被”字句中的谓语动词一定是及物动词，一般是能支配或影响句中主语（受事者）的。

The predicate verb in a “被” sentence must be transitive and be able to dominate or affect the subject (recipient).

例如 E.g. （5）我的自行车被同学借去了。

“被”字句的谓语动词后一定要有其它成分，一般是动态助词“了”、“过”，或表示结果、时间、数量、程度的补语成分等。

The predicate verb must be followed by other elements like aspect particles “了”, “过” or complements showing result, time, quantity and degree.

例如 E.g. （6）我的衣服被弟弟穿过。

（7）我被朋友请去玩儿了一天。

否定副词或助动词要放在“被”前。

Negative adverbs or auxiliary verbs should come before“被” if there are any.

例如 E.g. （8）他没被警察罚过钱。

（9）你这样做可以，不会被发现。

“被”也可用“叫”、“让”、“给”代替。后三者多用于口语，作为施动者的宾语一定要出现，不能省略。

In spoken Chinese，“叫”、“让” and“给” are more often used，but the object after these prepositions must not be omitted.

例如 E.g.（10）花给妹妹养死了。

（11）这件事不能叫他知道。

（12）还书的事让我忘了，真糟糕。

6. 你怎么搞的

动词“搞”可以有“做、弄、干、办、从事”等意思。常随不同宾语而有不同意义，可带“了”、“着”、“过”，可以重叠。

The verb“搞” can have several meanings such as“做、弄、干、办、从事”(to do，to make，to work，to engage). With different objects，it can acquire different meanings. It may take particles“了”，“着”，“过”or reduplicated form.

例如 E.g. （1）这个工程很复杂，不好搞。（干）

（2）应该把问题搞清楚。（弄）

（3）妈妈是搞会计的。（从事会计工作）

“你是怎么搞的?”是责问“你怎么能做出这样的事情?”语气可轻可重。

“你是怎么搞的?” is meant to blame a person spoken to，equal to“你怎么能做出这样的事情?”(How can you have done such a thing?)，with a light or serious tone.

7. 几天来

“来”用在表示时间的词语后，表示从过去某时直到说话时（或特定的某一段时间）为止的一段时间。

When used after time words，“来” indicates the period of time from a point in the past to the present point of speaking (or a particular point of time).

例如 E.g. （1）这个问题多少年来没有人研究过。

（2）几天来一直下雨。

8. 百分之三十以上的交通事故都跟自行车有关

用“……分之……”表示分数，用“百分之……”表示百分数。

“……分之……” expresses a fraction and “百分之……” expresses percentage.

例如 E.g. （1）我们班三分之一是女同学。

（2）我每月把百分之二十的生活费用来买书。

方位词“以上”用在数量词后，表示超过该数量。

The word of locality “以上” is used after numeral-measure words to indicate the exceeding of the number mentioned.

例如 E.g. （1）这次考试，三分之二以上的同学考得都很好。

（2）他们爬山已经爬到九百米以上了。

9. 百分之三十以上的交通事故都跟自行车有关

“跟……有关”是与某人某事有关系的意思，否定形式是“跟……无关”。

“跟……有关” means “to have something to do...” or “to be concerned with/about...”. The negative of the phrase is “跟……无关”.

例如 E.g. （1）这次考得不好，跟他不努力学习有关。

（2）他跟这件事儿无关，不必找他了。

第十六课 Lesson 16 我的汉语听说能力很强

一 课文 Text

（史迪文和妹妹谈自己的汉语能力。Steven talks about his Chinese level with his younger sister.）

ˇ ˊ ˊ ˋ 。 - ˇ ˇ ˋ 。 。

史迪文：妹妹，铅笔找到了吗？①

ˋ 。 ˇ ˋ 。

妹妹 ：找到了。

史迪文：作业也做完了？

妹妹：作业也做完了。有事儿吗？

史迪文：你到我屋子来一下儿。你看看，这张画儿挂在墙上，怎么样？

妹妹：挂在那儿，高了一点儿，挂低一点儿吧。这张画儿在哪儿买的？

史迪文：一个朋友送的。他学过三年中国画儿。他喜欢画马、画牛、画羊。他画的大部分都是动物。

妹妹：这匹马画得多②好啊！跟真的一样。

史迪文：妈妈在做什么呢？

妹妹：在做晚饭呢。

史迪文：饭还没做好啊？

妹妹：怎么？饿了？中午没吃饭？

史迪文：上午我忙完工作，简单吃了点儿就急忙赶去面试了，没吃饱，早就饿了。

妹妹：家里有点心，我给你拿去。

（妹妹拿来点心 Steven's younger sister brings some light refreshments.）

妹妹：面试的情况怎么样？你边吃边说吧。

史迪文：给我面试的是两个中国人。她们主要是了解我的汉语能力。

妹妹：你是怎么说的？

史迪文：我告诉她们，我在中国学了两年汉语。听的能力和读的能力都很强，只要③没有太重的口音都能听懂，报纸杂志上的文章，百分之九十五以上都能看懂。④日常生活口语当然没有问题，专业性很强的内容，表达有些困难。写的方面，能满足一般函电、便条、合同的需要。听完我的话，她们就拿出一篇文章，让我用汉语翻译给她们听。

妹妹：什么内容呢？

史迪文：计算机技术。

妹妹：你翻译得怎么样？

史迪文：除了几个技术方面的词以外，我觉得文章翻译得很好。

妹妹：哥，你吹牛吧。

史迪文：不，真的，④没跟你开玩笑。确实翻译得不错。

妹妹：最后她们说什么了？

史迪文：她们说，我的发音、语法都不错，理解能力也很强。她们比较满意，希望我能接受她们的聘请，到她们公司工作。她们说下个月初[5]会通知我的。

二 生词 New Words

1.	铅笔	（名）	qiānbǐ	pencil
2.	屋子	（名）	wūzi	room
3.	挂	（动）	guà	to put up
4.	墙	（名）	qiáng	wall
5.	低	（形）	dī	low
6.	画	（动）	huà	to draw，to paint
7.	马	（名）	mǎ	horse
8.	牛	（名）	niú	cattle，ox，bull，cow
9.	羊	（名）	yáng	sheep
10.	部分	（名）	bùfen	part
11.	动物	（名）	dòngwù	animal
12.	匹	（量）	pǐ	(a measure word)
13.	多	（副）	duō	how，so
14.	饿	（形）	è	hungry
15.	急忙	（形）	jímáng	hurried
16.	饱	（形）	bǎo	fed，full
17.	点心	（名）	diǎnxin	light refreshment
18.	她们	（代）	tāmen	they，them
19.	能力	（名）	nénglì	ability
20.	强	（形）	qiáng	strong
21.	只要	（连）	zhǐyào	as long as
22.	重	（形）	zhòng	strong

23. 日常	（形）	rìcháng	daily
24. 性	（尾）	xìng	nature，property（a suffix）
25. 表达	（动）	biǎodá	to express
26. 函电	（名）	hándiàn	letters and cables
27. 便条	（名）	biàntiáo	note
28. 合同	（名）	hétong	contract
29. 计算机	（名）	jìsuànjī	computer
30. 技术	（名）	jìshù	technology
31. 词	（名）	cí	word
32. 吹牛		chuī niú	to boast，to brag
33. 开玩笑		kāi wánxiào	to make a joke
34. 发音	（名）	fāyīn	pronunciation
35. 理解	（动）	lǐjiě	to understand
36. 希望	（动）	xīwàng	to hope
37. 接受	（动）	jiēshòu	to accept
38. 初	（名）	chū	beginning

三 功能 Functions

1. 询问并回答（49）（某物的出处）xúnwèn bìng huídá（49）（mǒu wù de chūchù）

Asking and answering（49）（where one gets something）

A：这张画儿（是）在哪儿买的？　B：不是买的，是朋友送的。

　　这本书　　　　借　　　　在马教授那儿借的

　　你的眼镜　　　找到　　　在我桌子上找到的

2. 描述（4）（语言能力）miáoshù（4）（yǔyán nénglì）

Describing（4）（one's language ability）

A：你的汉语怎么样？

　　　英语

B：我已学了四年汉语，听的能力很强，只要没有太重的口音我都能听懂，

才　　一年英语　　　　比较差　　有一点儿口音我就听不懂

读的能力也很强，报纸、杂志上的文章，百分之九十五以上都能看懂，日常

还可以　　　　　　　　我只能看懂一点儿

口语当然没有问题，写的方面，能满足一般函电、便条、合同的需要。

也很一般　　　　　　还很差

3. 表示使用的工具biǎoshì shǐyòng de gōngjù

Indicating the employment of a tool

他们让我用汉语　翻译一篇文章。

中国人　筷子　吃饭

平时我　洗衣机 洗衣服

4. 询问并回答（50）（用某种语言怎么说）xúnwèn bìng huídá（50）（yòng mǒu zhǒng yǔyán zěnme shuō）

Asking and answering (50) (how to say it in a certain language)

A：这句话　用汉语怎么说？

你的名字

这个意思

B：用汉语说就是"好的开始就是成功的一半"。

汉语叫罗西

用汉语可以说"越学越有信心"

5. 希望xīwàng

Expressing hopes

她们希望我能接受她们的聘请。

老师　上课的时候大家只说汉语

我　能有机会到中国留学

四 注释 Notes

1. 铅笔找到了吗

汉语里有一种句子，主语是受事者，谓语在形式上与主动句没有什么区别，但被动的意思很明显。我们把这种句子称为意义上的被动句。

In Chinese，there is a type of sentences known as notional passive sentences，which are active in form but passive in meaning. The subject in a sentence of this type is usually the recipient of an action and the predicate verb appears in the same form as it does in an active sentence.

例如 E.g. （1）面包买来了。

（2）那张画挂好了。

意义上的被动句，主语一般是确指的，不能发出动作的，谓语动词是及物动词，一般不能只是一个简单的动词，要带有状语、补语等成分。

The subject of a notional passive sentence is always definite and is not the doer of an action，whereas the predicate verb should be transitive with other elements like adverbials and complements following it.

2. 这匹马画得多好啊

副词“多”可以表示强烈的程度，多用于感叹句，后面常带有叹词“啊”。

The adverb“多”may express an intense degree or extent. It often appears in exclamatory sentences，with the interjection“啊”at the end of a sentence.

例如 E.g. （1）多可爱的小猫啊！

（2）我多想去爬山啊，可是天气一直不好。

3. 只要没有太重的口音都能听懂

连词“只要”表示必要的条件，用在主语前后都可以，也可以构成“只要……就……”格式，表示具备了某种必要的条件就有某种结果。

The conjunction“只要”can be used before or after the subject of a sentence to indicate a necessary condition. It can form the construction“只要……就……”to indicate that if a necessary condition is provided，a result will be reached.

例如 E.g. （1）只要努力，就能学好汉语。

（2）只要遵守交通规则，警察就不会找你的麻烦。

4. 真的，没跟你开玩笑

“真的”常用来强调所说的情况属实。

“真的” is often said to emphasize that what one says is true.

例如 E.g. （1）妈妈，真的，这次弟弟考了一百分。

（2）真的，他的汉语水平很高。

5. 她们说下个月初会通知我的

“月初”与“月底”相对，指每个月的1～5日左右。

“月初”, in contrast to “月底”, refers to the first 5 days of each month.

例如 E.g. （1）我都是月初进城买东西。

（2）上月初她参加了她姐姐的婚礼。

第十七课 Lesson 17 你们家过春节吗

一 课文 Text

（丁文月、林达谈春节和圣诞节。
Ding Wenyue and Linda talk about Spring Festival and Christmas Day.）

林达：好几天没看见你了，忙什么呢？

丁文月：忙着写信呢。圣诞节快到了，许多亲戚朋友的信都没写呢。

林达：你买的圣诞卡真漂亮，这么多，用得完吗？[1]

丁文月：我喜欢各[2]种圣诞卡，看见就想买。我亲戚朋友多，用不完也没关系。

林达：圣诞节还有一个多月呢，不要着急。

丁文月：你看，这儿有邮局的一个通知，上面有寄到各个国家需要的时间，有的要十天，有的要半个月，不早点儿寄，圣诞节前收不到，多不好啊！

林达：我看一下儿。哦，寄到中国要十天，下星期寄，准能收得到。对了，你们家过圣诞节吗？

丁文月：过啊。我们虽然是华人，但是来到这个国家，当然也就入乡随俗了。

林达：那你们家过不过春节[3]呢？

丁文月：当然过。春节是中国人最重要的传统节日。世界各国的华人都有过春节的习惯。

林达：你觉得圣诞节有意思还是春节有意思？

丁文月：怎么说呢？各有特点。圣诞节的一些活动，比如装饰圣诞树、送圣诞礼物、吃圣诞晚餐，我觉得都挺有意思的。

林达：中国人过春节有些什么活动呢？

丁文月：主要有除夕吃年夜饭、守岁、送旧迎新、贴春联、放鞭炮、包饺子、做年糕、亲戚朋友互相拜年，非常热闹。④我记得，小时候，妈妈还教我们唱：新年到，新年到，穿新衣，戴新帽。包饺子，做年糕，贴春联，放鞭炮。欢欢喜喜拜个年，祝愿生活更美好。

林达：太有意思了。一会儿你教我唱吧。

丁文月：在中国，现在除夕还有一个重要活动，就是看电视台的春节文艺节目。另外，听说有些大城市已经禁止春节放鞭炮了。

林达：这就是说，在一些大城市，现在过春节已经听不到鞭炮声了。

丁文月：不过，郊区、农村都还能听得到。

二 生词 New Words

1.	许多	（形）	xǔduō	many
2.	圣诞卡	（名）	shèngdànkǎ	Christmas card
3.	各	（代）	gè	each
4.	不要	（副）	búyào	don’t
5.	上面	（名）	shàngmian	on..., in...
6.	国家	（名）	guójiā	country
7.	华人	（名）	huárén	Chinese

8. 入乡随俗		rù xiāng suí sú	While in Rome, do as the Romans do.
9. 传统	（形）	chuántǒng	traditional
10. 节日	（名）	jiérì	holiday, festival
11. 习惯	（名）	xíguàn	custom, habit
12. 特点	（名）	tèdiǎn	characteristic
13. 装饰	（动）	zhuāngshì	to decorate
14. 晚餐	（名）	wǎncān	dinner
15. 除夕	（名）	chúxī	New Year's Eve
16. 年夜饭	（名）	niányèfàn	dinner on New Year's Eve
17. 守岁		shǒu suì	to stay up on New Year's Eve
18. 送旧迎新		sòng jiù yíng xīn	to ring out the old year and ring in the new
19. 贴	（动）	tiē	to paste, to stick
20. 春联	（名）	chūnlián	Spring Festival couplets
21. 放	（动）	fàng	to let off
22. 鞭炮	（名）	biānpào	firecracker
23. 包	（动）	bāo	to make, to wrap
24. 年糕	（名）	niángāo	New Year cake
25. 拜年		bài nián	to pay a New Year call
26. 热闹	（形）	rènao	lively
27. 新年	（名）	xīnnián	New Year
28. 欢喜	（形）	huānxǐ	joyful, happy
29. 祝愿	（动）	zhùyuàn	to wish
30. 美好	（形）	měihǎo	good, magnificent
31. 电视台	（名）	diànshìtái	television station
32. 文艺	（名）	wényì	theatrical, literature and art
33. 节目	（名）	jiémù	programe
34. 禁止	（动）	jìnzhǐ	to forbid, to prohibit

35. 声　（名）　shēng　sound

专名 Proper Nouns

圣诞节	Shèngdàn Jié	Christmas Day
春节	Chūn Jié	Spring Festival

三 功能 Functions

1. 唤起对方注意huànqǐ duìfāng zhùyì

Arousing the attention of the person spoken to

你看，这儿有邮局的一个通知。

这张中国画怎么样？

这是他年轻时的照片，多漂亮啊！

2. 追忆zhuīyì

Remembrance

我记得，小时候妈妈还教我唱"新年到……"。

他以前好像去过美国。

他是个记者，怎么又当了翻译？

3. 禁止jìnzhǐ

Prohibition

听说有些城市已经禁止放鞭炮了。

那个地方　　参观

这条路　　汽车走

4. 进一步说明jìnyíbù shuōmíng

Further Explanation

（这）就是说，现在过春节已经听不到鞭炮声了。

不能只用内容好不好来评价一部电影

（也）就是说，这是她第二次结婚。

你是在城里出生，在农村长大的

四 注释 Notes

1. 这么多，用得完吗

在谓语动词后面补充说明动作能否达到某种结果或情况的词、词组称为可能补语。基本句式为：

Words or phrases following predicate verbs to further show if an action can reach a result or state are known as potential complements. The basic pattern is:

主语 — 谓语动词—得/不 — 结果补语/趋向补语

subject— predicate verb—得/不—resultative complement/directional complement

例如 E.g. （1）我 看 得 见。

（2）那位老人 上 不 去。

如是有宾语，宾语可放在可能补语后边，也可以放在谓语动词前或主语前。

If there is an object, it may come after the potential complement or before the predicate verb or even before the subject of a sentence.

例如 E.g. （3）我听得清楚你说的话。

（4）他这本书今天看不完。

（5）今天的作业你做得完吗？

正反疑问式是：

The affirmative-negative question form is as shown in the example below:

例如 E.g. （6）你说得清楚说不清楚那些事儿？

肯定式的可能补语前可以加助动词“能”、“可以”等，表示强调。

In an affirmative sentence, auxiliary verbs “能” and “可以” may be put in front of the potential complement for emphasis.

例如 E.g. （7）骑自行车去学校，20分钟我能（可以）骑得到。

可能补语与“能”的意思不完全一样。表示“情理上许可不许可”、“准许不准许”，不能用可能补语，只能用“能”或“不能”。

Potential complements are not entirely the same as the auxiliary verb “能” in meaning. When such ideas as “whether to allow or not”, “whether to permit or not” are to be expressed, “能” or “不能” should be used instead of potential complements.

例如 E.g. （8）外边很冷，你又在发烧，不能出去。

2. 我喜欢各种圣诞卡

“各”是代词，指某个范围内的所有个体，用在名词或量词前。

“各” is a pronoun, referring to each one of a group or a whole. It is used before nouns or measure words.

例如 E.g. （1）各人都有自己的爱好。

（2）请通知各班同学下午开会。

“各”也是副词，表示分别做同样的事，或处于同样状况中。

“各” can also be an adverb, indicating that each one does the same respective thing or is in the same condition.

例如 E.g. （3）东教学楼和西教学楼各有一个停车场。

（4）暑假快到了，大家各有各的打算。

3. 那你们家过不过春节呢

“春节”是中国的农历新年，一年中最重要的传统节日。时值农闲，为送旧迎新，从农历十二月二十三日开始到一月十五日元宵节近一个月的时间民间有各种喜庆活动。家家打扫卫生，准备新衣，购买各种食品，举办各种娱乐活动，全国职工都放假三天。春节期间，人们互相拜年，祝愿来年幸福。

“春节”(Spring Festival), the most important traditional holiday in China, marks the beginning of New Year in the Chinese lunar calenday. It lasts from the twenty-third of the twelfth lunar month to the Lantern Festival on the fifteenth of the first lunar month. It is also the slack season for farmers. Customarily, to welcome this holiday, every household will do cleaning, buy new clothes and foods, and pay New Year visits to one another to extend good wishes. There are always various kinds of celebrations during the holiday season. Now, many recreational activities and entertainments are also officially organized or held, and staff and workers can have a seven-day holiday.

4. 主要有除夕吃年夜饭、守岁、送旧迎新……

“除夕”是农历十二月的最后一个晚上，当晚各家都准备了丰盛的年夜饭，远在外地的亲人也要赶回家中团聚，全家团圆吃团圆饭。除夕夜里或初一早上，北方一般吃饺子，南方一般吃年糕。它们都有寓意。“饺子”是“交子”的谐音，古代夜里十一点到第二天的一点叫“子时”，是新旧年相交替的时刻。“年糕”也是谐音，寓意“年年高”，生活一年比一年好。“守岁”是除夕夜人们不睡觉，燃放鞭炮，驱鬼避邪。“贴春联”是在大门两侧及上方贴红纸写的吉祥话。人们从初一开始互相拜年，互相祝愿新的一年幸福顺利。

New Year's Eve falls on the last night of the last month in the lunar calendar. On that night, every family member will come back home to have a sumptuous dinner together. Usually, on New Year's Eve or on the morning of the first day of New Year, people in the north will have “饺子”

(dumplings), but in the south people will have "年糕" (New Year cake made of glutinous rice flour). Both food have symbolic meanings. "饺子", homonym of "交子", means the hours known as "子时" in ancient times, from 11 o'clock of the previous night to 1 o'clock of the following day, which covers exactly both the end of the old year and the beginning of the new year. "年糕", homonym of "年年高", on the other hand, implies the idea of becoming better and better each year. "守岁" means that on New Year's Eve people will stay up and let off firecrackers to drive away ghosts and evil beings. "贴春联" means the putting up of Spring Festival couplets and a horizontal scroll bearing suspicious inscriptions on both sides of the main door and above it. From the first day of New Year, people will visit each other to give their best wishes for a happy and smooth new year.

第十八课 Lesson 18 我也想申请去中国留学

一 课文 Text

（丁文月和田中平谈如何申请到中国留学。

Ding Wenyue and Tianzhong Ping talk about how to apply for studying in China.）

丁文月：上午来了一个中国朋友，① 他是刚从中国来的。

田中平：他来做什么？

丁文月：他来介绍怎么申请到中国留学。

田中平：我怎么不知道这事儿？我也非常想了解怎么才能去中国留学。你去听了吗？

丁文月：去了。中午下课后不久，我正要去食堂，突然看到教室外边贴着一张通知，我赶快就到办公室去。我到那儿的时候，里边已经坐着好多人了。

田中平：那位朋友怎么说？

丁文月：他说，首先你要得到一份申请表，然后把填好的表和你的毕业证书、成绩单、经济担保书一起寄给学校。

田中平：要不要推荐信？

丁文月：要。要两封教过你的教授或者校长、系主任的推荐信。

田中平：毕业证书、成绩单要原件还是复印件？

丁文月：复印件就可以。另外，还要护照的复印件。

田中平：汉语水平有什么要求吗？

丁文月：按[2]规定，只学习汉语的，对汉语水平没有特别的要求；学习专业的，比如数学啊、物理啊、文学啊、法律啊，[3]就要求有一定[4]的汉语水平。现在中国有一种HSK，可以用来测定你的汉语水平。

田中平：HSK是什么意思？

丁文月：HSK是Hànyǔ（汉语）Shuǐpíng（水平）Kǎoshì（考试）的缩写。

田中平：什么时候可以申请签证？

丁文月：收到学校的录取通知书以后就可以申请签证。

田中平：在中国，课余时间能打工吗？

丁文月：可以。

田中平：学校有吃、住的地方吗？

丁文月：大学里一般都有外国留学生宿舍和食堂。

田中平：在中国学习，一年要花多少钱，知道吗？

丁文月：学校不同，学费也不完全一样，一般每年两千多美元，加上⑤吃和住，一年大概要花四五千美元。这里有几份材料，你可以看看。

（看材料 Looking at the materials）

田中平：这句话是什么意思？

丁文月：这句话是说，用英文或者用中文填写申请表都可以。

田中平：这里说的是什么呢？

丁文月：这是申请人的保证。保证填写的情况是真实的，正确的；保证在中国学习期间遵守中国政府的法律和学校的规章制度。

二 生词 New Words

1. 后	（名）	hòu	after，afterwards
2. 不久	（形）	bùjiǔ	before long，soon after
3. 食堂	（名）	shítáng	dining hall
4. 突然	（形）	tūrán	sudden
5. 赶快	（副）	gǎnkuài	hurriedly，in a hurry
6. 首先	（副）	shǒuxiān	first，at first
7. 担保书	（名）	dānbǎoshū	guarantee
8. 按	（介）	àn	according to
9. 规定	（名，动）	guīdìng	rule，regulation；to stipulate
10. 推荐	（动）	tuījiàn	to recommend；recommendation
11. 校长	（名）	xiàozhǎng	president
12. 原件	（名）	yuánjiàn	script
13. 复印件	（名）	fùyìnjiàn	duplicated copy
14. 要求	（动，名）	yāoqiú	to require；requirement
15. 数学	（名）	shùxué	mathematics
16. 物理	（名）	wùlǐ	physics
17. 法律	（名）	fǎlǜ	law
18. 测定	（动）	cèdìng	to test，to estimate
19. 缩写	（名，动）	suōxiě	abbreviation；to abbreviate
20. 录取	（动）	lùqǔ	to enroll，to admit
21. 通知书	（名）	tōngzhīshū	notice
22. 课余	（名）	kèyú	after class
23. 打工		dǎ gōng	to do odd jobs
24. 外国	（名）	wàiguó	foreign country
25. 留学生	（名）	liúxuéshēng	foreign student
26. 花	（动）	huā	to spend

27. 不同		bù tóng	to differ，not the same
28. 完全	（形）	wánquán	entire，complete
29. 千	（数）	qiān	thousand
30. 加（上）	（动）	jiā（shang）	to add（to）
31. 材料	（名）	cáiliào	material
32. 句	（量）	jù	sentence（a measure word）
33. 保证	（动，名）	bǎozhèng	to guarantee；guaranty
34. 真实	（形）	zhēnshí	true，real
35. 正确	（形）	zhèngquè	correct
36. 期间	（名）	qījiān	period
37. 政府	（名）	zhèngfǔ	government
38. 规章	（名）	guīzhāng	regulation
39. 制度	（名）	zhìdù	system

三 功能 Functions

1. 询问并回答（51）（由来）xúnwèn bìng huídá（51）（yóulái）

Asking and answering（51）（where one comes from）

A：你的朋友是从哪儿来的？　　B：他是刚从中国来的。

　　他　　　哪国　　　　　　　他是8月10号从日本来的

　　你　　　哪儿　　　　　　　我是9点钟从家里来的

2. 存现（2）cúnxiàn（2）

Existence（2）

教室外边　贴着　一张通知。

墙上　　　挂　　两张画儿

屋子里　　坐　　几个孩子

3. 要求yāoqiú

Requirements

学习别的专业要求有一定的汉语能力。

李老师　　　　我们复习旧课，预习新课

我　　　　　　换一件红的

4. 表示后者随前者的不同而不同biǎoshì hòuzhě suí qiánzhě de bù tóng ér bù tóng

Indicating that the difference in one thing causes the difference in the other

（1）学校不同，学费也不完全一样。

老师　　要求　　同

岁数　　兴趣　　太一样

（2）不同的学校，规定也不完全一样。

颜色　价钱　　一样

国家　生活习惯　太一样

5. 保证（2）bǎozhèng（2）

Guarantee（2）

申请人应该保证遵守有关的法律和制度。

我　　　　　三点钟来接你

我以后开车　　遵守交通规则

四 注释 Notes

1. 上午来了一个中国朋友

汉语里有一种动词谓语句，它叙述人或事物存在于某处，或某一时间有某人某事物出现或消失。这种句子叫做存现句，基本句式为：

There is a type of verb-predicate sentences in Chinese known as sentences indicating existence. Such sentences tell the existence of a person/thing in a certain place, or the appearance/disappearance of a person/thing at a certain time. The basic pattern is:

处所、时间词或词组	— 表示出现、存在或消失的动词	— 动态助词	— 表示存在、出现或消失的名词（人或事物）
location/time words or phrases	— verbs showing existence/appearance/disappearance	— aspect particle	— nouns showing existence/appearance/disappearance (of persons/things)

例如 E.g. （1）门前　停　着　一辆汽车。

（2）前边　来　了　一个人。

（3）这间宿舍　住　过　两个中国同学。

谓语动词一般由表示存在、出现或消失的动词充当，要带附加成分，即动态助词“了、着、过”或是趋向补语和结果补语，表示存在、出现或消失的动词常常是不确定的。

The predicate-verbs in this type of sentences should be verbs that indicate existence, appearance or disappearance, and should be followed by other elements, such as, aspect particles “了”, “着”, “过” or directional and resultative complements. The verbs that indicate existence, appearance or disappearance are usually indefinite.

例如 E.g. （4）身上穿着新衣服。

（5）腿上受了伤。

（6）马路上走过去许多人。

2. 按规定，只学汉语的

“按”这里是介词，表示遵从某种标准，也说“按照”。

“按” is a preposition here, meaning “according to a certain criterion”. Its alternative is “按照”.

例如 E.g. （1）病人应该按时吃药。

（2）这个公司按天给钱，哪天不打工，哪天就挣不到钱。

3. 比如数学啊、物理啊、文学啊、法律啊

连用语气助词“啊”可以表示列举。

The modal particle “啊” can be used consecutively to give a list of items.

例如 E.g. （1）他的汉语水平啊，工作能力啊，都比我强得多。

（2）我吃过许多中国菜，比如糖醋鱼啊，炸大虾啊，红烧牛肉啊，都很好吃。

4. 就要求有一定的汉语水平

这里的“一定”是形容词，表示固定的或某种程度的、适当的意思。一般修饰名词，常带“的”。

Here“一定”is an adjective，meaning“certain”，“moderate”or“to a certain extent”. It is generally followed by“的”to modify nouns.

例如 E.g. （1）学校有一定的规章制度，学生必须遵守。

（2）经过一年的学习，我们的汉语水平有了一定的提高。

（3）现在不能说，到了一定的时候我会告诉你的。

5. 加上吃和住

这里的“上”是引申用法，表示添加。

Here“上”is an extended usage，indicating addition.

例如 E.g. （1）我有二百块，加上你的五百块，这个月的房租够了。

（2）下午没有课，再加上晚上的时间，就能翻译完这篇文章。

第十九课 Lesson 19 我们好像见过面

一 课文 Text

（朋友们在王云山家聚会。Wang Yunshan and his friends are having a party at his home.）

王云山：你们互相认识吧，不用我介绍了吧。

大卫 ：对，我们见过面。我叫大卫。

罗杰 ：嗯，是有点儿面熟。我叫罗杰。

大卫：去年寒假在陈教授家的宴会上，咱们俩[1]见过。

罗杰：哦，对，对。想起来[2]了，那天晚上你还唱了一段京剧。

大卫：唱得不好，见笑，见笑[3]。

罗杰：不，唱得非常好，表演得也很精彩。

王云山：我想你们是互相认识的。好了，你们聊吧，我去给你们准备吃的。

罗杰：你现在工作忙吧？

大卫：很忙。不过业余时间我还在搞京剧研究。我本来[4]不想做了，陈教授鼓励我继续研究，希望我能写几篇介绍京剧的文章。

罗杰：说起那次宴会，你还记得那个说他从前是个工人，后来成了体育记者的人吗？

大卫：是那位法语说得很好的先生吗？他怎么了？

罗杰：上个月月底我碰到他了，他说他还在坚持学习法语，明年要到法国采访世界杯体操比赛。

（门铃响，王云山去开门。The doorbell rings. Wang Yunshan goes to answer the door.）

王云山：你啊，你不是说今天早点儿来吗？怎么迟到了？

乔治：对不起，请原谅。我很早就出发了。没想到在路上碰到了一个老同学。你猜，碰到谁了？

王云山：我猜不着[5]，你碰到谁了？

乔治：我碰到咱们中学的同学朱丽娅了。

王云山：朱丽娅，上课总[6]是坐在最前边的那个小姑娘吗？她现在干什么了？

乔治：她学完日语以后，本来想到一家日本公司当秘书。因为面试没通过，就在中学教日语了。

王云山：不会吧？我记得她说过，她不喜欢当老师。

乔治：没办法啊。她自己也感到很失望。

王云山：哦，是这样啊。走，咱们进去吧。里边暖和一些。

乔治：人全部到了吗？

王云山：差不多了。

乔治：这些东西放哪儿？

王云山：什么东西？

乔治：好吃的。

王云山：放这儿吧。一会儿大家尝尝。

二 生词 New Words

1.	面	（名）	miàn	face
2.	熟	（形）	shú	familiar
3.	寒假	（名）	hánjià	winter vacation
4.	宴会	（名）	yànhuì	dinner，banquet
5.	俩	（数量）	liǎ	（两 and 个 combined）two
6.	段	（量）	duàn	stanza（a measure word）
7.	京剧	（名）	jīngjù	Beijing Opera
8.	见笑	（动）	jiànxiào	to be a laughing stock，to be laughed at
9.	表演	（动）	biǎoyǎn	to perform，to act
10.	精彩	（形）	jīngcǎi	wonderful，excellent
11.	聊	（动）	liáo	to chat
12.	业余	（名）	yèyú	spare time
13.	本来	（形，副）	běnlái	original；originally
14.	鼓励	（动）	gǔlì	to encourage
15.	继续	（动）	jìxù	to continue，to resume
16.	从前	（名）	cóngqián	past，a long time ago
17.	工人	（名）	gōngrén	worker
18.	成	（动）	chéng	to become
19.	体育	（名）	tǐyù	sports
20.	法语	（名）	Fǎyǔ	French
21.	碰	（动）	pèng	to run into，to happen to meet
22.	坚持	（动）	jiānchí	to keep（doing...），to persist in
23.	明年	（名）	míngnián	next year
24.	采访	（动）	cǎifǎng	to interview
25.	体操	（名）	tǐcāo	gymnastics
26.	迟到	（动）	chídào	to be late

27. 原谅	（动）	yuánliàng	to forgive，to excuse
28. 出发	（动）	chūfā	to set off，to start
29. 着	（动）	zháo	to succeed in doing sth.
30. 总（是）	（副）	zǒng（shì）	always
31. 姑娘	（名）	gūniang	girl
32. 日语	（名）	Rìyǔ	Japanese
33. 秘书	（名）	mìshū	secretary
34. 通过	（动）	tōngguò	to pass，to get through
35. 失望	（形）	shīwàng	disappointed
36. 暖和	（形）	nuǎnhuo	warm
37. 全部	（名）	quánbù	all
38. 这些	（代）	zhèxiē	these
39. 好吃	（形）	hǎochī	delicious，tasty

专名 Proper Nouns

陈	Chén	a Chinese surname
法国	Fǎguó	France
朱丽娅	Zhūlìyà	Julia

三 功能 Functions

1. 表达想起某事biǎodá xiǎngqǐ mǒu shì

Remembering something

(1) A: 在张教授家咱们见过。　B: 我想起来了，那天你还唱了京剧。

我忘了他住在几层　　他住在四层 405 房间

他说他认识你　　我们以前见过面

(2) 我想起来他毕业时说过要去中国留学。

小时候妈妈教我唱过“新年到……”

那件事就想笑

2. 自谦（2）zìqiān（2）

Expressing self-modesty（2）

（1）A：原来你会唱京剧啊！　　B：唱得不好，见笑，见笑。

这是你画的画儿？　　画

（2）A：你汉字写得不错。　　B：写得不好，让您见笑了。

你汉语说得真好　　说

3. 鼓励gǔlì

Encouraging

张教授鼓励我继续研究中国京剧。

我们　　老师参加跳远比赛

大家　　罗杰去北京留学

4. 请求原谅（3）qǐngqiú yuánliàng（3）

Asking for forgiveness（3）

（1）对不起，请原谅，我今天迟到了。

我忘告诉他了

（2）我把你的车子搞坏了，（真）对不起，请原谅。

我有事儿不能去了

5. 怀疑huáiyí

Disbelieving

A：她现在当老师了。　　B：（是吗？）不会吧？她说过不喜欢当老师啊。

听说罗西要去北京了　　我前天还看见他了呢

他被警察罚了　　警察不应该罚他啊

6. 失望shīwàng

Disappointment

（1）没有到公司工作她自己也感到很失望。

你有这样的想法大家

（2）我对弟弟的学习态度很失望。

他　这件事

四 注释 Notes

1. 咱们俩见过

“俩”这儿是“两个”的意思，后面不能再有“个”或别的量词，用于口语。

“俩” is used in spoken Chinese，here it means “two”. It can not take “个” or other measure words.

例如 E.g. （1）她们俩是姐妹。

（2）教室里只有我们俩，没有别人。

2. 想起来了

这里的“起来”是引申用法，用在动词后表示动作完成或达到了目的。

Here，used after verbs，“起来” is an extended usage，showing that an action has been concluded or has reached an end.

例如 E.g. （1）我想起来了，昨天忘了给妈妈打电话了。

（2）那个大学的暑假中文学习班办起来了。

3. 唱得不好，见笑，见笑

这里“见笑”是因拙劣而被人笑话，常用做自谦语。

“见笑”，an expression showing one's modesty，is often used to mean that one becomes a laughing stock because of his clumsiness.

例如 E.g. （1）文章我写得不好，见笑，见笑。

（2）我说得不好，见笑了。

4. 我本来不想搞了

“本来”在这儿是副词，表示原先、以前，含有现在或后来已有改变的意思，或按道理应该这样。

“本来” is an adverb here，meaning originally or before. It implies that things are going to be changed or have changed，or that things should have been like this.

例如 E.g. （1）我本来不知道，后来才听说的。

（2）这条路本来不好走，现在好走了。

（3）星期天我本来应该休息，但公司有事我就不能休息了。

5. 我猜不着

动词“着”用在动词后，表示达到目的，或有了结果，可用做结果补语或可能补语。

The verb “着”, when coming after other verbs, is used to indicate that something is successfully done or resulted from an action. It can serve as resultative or potential complements.

例如 E.g. （1）鞋找着了，裤子没有找着。（结果补语）

（2）这些东西你用得着用不着？（可能补语）

6. 上课总是坐在最前边儿的那个小姑娘吗

副词“总”表示经常如此，持续不变。

The adverb “总” indicates the consistancy or continuity of a circumstance.

例如 E.g. （1）妈妈总是起得很早。

（2）他学习很努力，每次考试总是考得很好。

第二十课 Lesson 20 这次旅行很有意义

一 课文 Text

（罗西谈到中国旅游的观感。Rose talks about her travel in China.）

丁文月：你是什么时候回来的？

罗西　：上个月二十八号。

丁文月：你们这回到中国旅行，印象怎么样？

罗西：很好，给我留下了很深的印象。三天三夜也说不完。

丁文月：去了几个城市？

罗西：北京、上海、杭州、西安，[1]一共四个城市。

丁文月：在北京住什么地方？

罗西：住首都饭店。在北京我们待了五天，参观游览了长城、故宫、天安门广场，还有颐和园、北海公园。长城有两千多年的历史了，真了不起，确实是世界奇迹。

丁文月：上海怎么样？

罗西：上海是中国最大的城市，人口有一千多万。[2]听说这几年发展得很快。工业产值和农业产值比几年前增加了一倍[3]多。城里到处是车和人。商店里经常挤满了顾客。

丁文月：中国有十三亿人口，像上海这样的大城市，人肯定多得很。杭州的风景不错吧？

罗西：杭州西湖的风景美极了。在湖上坐船游览太有意思了。怪不得人们说"上有天堂，下有苏杭"呢。杭州马路很干净，人们也很热情，是一个很好的旅游城市。吃的、住的、玩儿的，都会让你感到很满意。

丁文月：西安是中国有名的古都，也一定很有意思吧？

罗西：没错儿。西安的名胜古迹太多了。有时一天要参观好几个地方。你要想了解中国的历史，你就要到西安去看看。西安是一个真正的历史博物馆。

丁文月：你在中国一共待了多少天？

罗西：一共待了十六天。

丁文月：每天都很累吧？

罗西：可不是嘛。④有时晚上回到饭店，累得连饭都不想吃。⑤但是我觉得这次旅行很有意义，很值得。

丁文月：叫你这么一说，⑥我明年是非去一次不可喽！⑦

二 生词 New Words

1.	回	（量）	huí	time（a measure word）
2.	印象	（名）	yìnxiàng	impression
3.	深	（形）	shēn	deep
4.	一共	（副）	yígòng	altogether
5.	饭店	（名）	fàndiàn	hotel
6.	游览	（动）	yóulǎn	to go sightseeing
7.	广场	（名）	guǎngchǎng	square
8.	公园	（名）	gōngyuán	park
9.	了不起	（形）	liǎobuqǐ	great，extraordinary

10. 奇迹	（名）	qíjì	wonder
11. 万	（数）	wàn	ten thousand
12. 人口	（名）	rénkǒu	population
13. 工业	（名）	gōngyè	industry
14. 农业	（名）	nóngyè	agriculture
15. 产值	（名）	chǎnzhí	output value
16. 增加	（动）	zēngjiā	to increase，to add
17. 倍	（量）	bèi	times (a measure word)
18. 经常	（形，副）	jīngcháng	usual；usually
19. 挤	（动）	jǐ	to squeeze，to be crowded
20. 满	（形）	mǎn	full
21. 顾客	（名）	gùkè	customer
22. 亿	（数）	yì	a hundred million
23. 肯定	（形，动）	kěndìng	certain；to affirm
24. 湖	（名）	hú	lake
25. 船	（名）	chuán	boat
26. 人们	（名）	rénmen	people
27. 上有天堂，下有苏杭		shàng yǒu tiāntáng，xià yǒu Sū Háng	Suzhou and Hangzhou are paradise on earth.
28. 干净	（形）	gānjìng	clean
29. 热情	（形）	rèqíng	warm-hearted
30. 旅游	（动）	lǚyóu	to travel
31. 感到	（动）	gǎndào	to feel，to find
32. 古都	（名）	gǔdū	ancient capital
33. 名胜古迹		míngshèng gǔjì	scenic spots and historical sites
34. 博物馆	（名）	bówùguǎn	museum
35. 累	（形）	lèi	tired
36. 连…都…		lián…dōu…	even

37. 意义	（名）	yìyì	meaning
38. 值得	（动）	zhíde	to be worth, to deserve
39. 非…不…		fēi…bù…	must
40. 喽	（助）	lou	(a particle)

专名 Proper Nouns

首都饭店	Shǒudū Fàndiàn	Capital Hotel
上海	Shànghǎi	name of a city
杭州	Hángzhōu	name of a city
西安	Xī'ān	name of a city
长城	Chángchéng	the Great Wall
故宫	Gùgōng	the Imperial Palace
天安门广场	Tiān'ān Mén Guǎngchǎng	Tian'anmen Square
颐和园	Yíhé Yuán	the Summer Palace
北海公园	Běihǎi Gōngyuán	Beihai Park
西湖	Xī Hú	the West Lake

三 功能 Functions

1. 询问并回答（52）（印象如何）xúnwèn bìng huídá (52) (yìnxiàng rúhé)

Questions and answers (52) (about one's impressions)

（1）A：你这回到中国旅行，印象怎么样？
　　　听说你去参观展览了
　　B：印象很好。
　　　　还可以

（2）A：你对北京印象怎么样？
　　　他　这儿
　　B：我对北京的印象非常好。
　　　他　这儿　　一般

（3）A：长城给你的印象怎么样？
　　　我　他
　　B：长城给我留下了很深的印象。
　　　你　　他　　很好

2. 赞扬（2）zànyáng（2）

Praises（2）

（1）长城有两千多年的历史了，真了不起。

你外语说得这么好

（2）你　真了不起，看过这么多书。

王云山　汉语说得那么好！

3. 肯定（4）kěndìng（4）

Affirmation（4）

中国的长城确实是世界奇迹。

你翻译得　很不错

这个计划　很好

4. 倍数 bèishù

Times（-fold）

工业和农业生产　比几年前增加了一倍多。

今年学汉语的人数　去年　三

到中国旅行的人　五年前　四

5. 表示假设的条件关系 biǎoshì jiǎshè de tiáojiàn guānxi

Indicating a hyperthetical conditional relation

你要想了解中国的历史，（你）就要到西安去看看。

谁　学好外语　谁　多说、多听、多读

你　期末考得好　你　平时多努力

6. 肯定（5）kěndìng（5）

Affirmation（5）

A：你每天都很累吧？　B：可不是嘛，每天都特别累。

听说中国的自行车多。　到处都是骑车的

我觉得学费太贵了。　我也觉得不便宜

7. 强调（9）（举例性）qiángdiào (9) (jǔlìxìng)

Emphasizing (9) (through examples)

（1）每天参观好几个地方，累得（我）连饭　都不想吃。

刚开始学习汉语的时候，我　　一句　不会说

这样的问题太简单，　　孩子　懂

（2）有时忙得　连去厕所的时间也没有。

他特别努力，　星期天　　不休息

这个字很难，　老师　　不会写

8. 必须（3）bìxū (3)

Must (3)

叫你这么一说，我明年（是）非去一次　不可(喽)！

这次比赛，大学生队　　赢

我　　把汉语学好

四 注释 Notes

1. 北京、上海、杭州、西安

北京是中国的首都，也是著名的古都，已有三千多年历史，现存的故宫是明清两代的皇宫。天安门广场在故宫南面，是世界最大的广场之一，能容纳一百万人集会。颐和园、北海公园过去都是皇家园林，景色优美。长城全长六千多公里，已有两千多年的历史，是世界奇迹之一。

Beijing, capital of both ancient and modern China, has a long history of over 3,000 years. The existing Imperial Palace was the royal palace for the Ming and Qing Dynasties. Tian'anmen Square, which lies to the south of the Imperial Palace, is one of the world's largest squares capable of holding a gathering of 1,000,000 people. The Summer Palace and Beihai Park, both having served as royal gardens in the past, enjoy very beautiful scenery. The Great Wall, one of the world's great wonders, is more than 6,000 kilometers long, with a history or over 2,000 years.

上海是中国工业、商业、金融、贸易最发达的大城市，有一千多万人口，是中国最大的城市，也是世界著名大城市之一。

Shanghai, one of the world's famous metropolitan cities, is China's most developed city in areas such as industry, commerce, finance and trade, with a population of more than 10,000,000.

杭州是著名的风景旅游城市。

Hangzhou is a well-known tourist resort.

西安是中国著名古都，历史上有十一个朝代在此建都，前后约一千多年，名胜古迹最丰富，其中的秦代兵马俑，人称世界第八奇迹。

Xi'an is famous for its historical significance in ancient China. During a period of 1,000 or more years, it served as the capital for 11 dynasties, therefore, it boasts the greatest abundance of historic remains and cultural relics in the country. The site of Qin Shi Huang's Burried Terra Cotta Army is regarded as the eighth wonder in the world.

2. 有一千多万人口

汉语中百以上的数目仍是十进位。

In Chinese, the decimal system equally applies to numbers above hundred.

例如 E.g.

100	101	…109	120
一百	一百零一	…一百零九	一百二十
901	902	…999	1000
九百零一	九百零二	…九百九十九	一千
1001		…9999	10000
一千零一		…九千九百九十九	一万
10001		…99999	100000
一万零一		…九万九千九百九十九	十万
100001		…999999	1000000
十万零一		…九十九万九千九百九十九	一百万
1000001		…9999999	10000000
一百万零一		…九百九十九万九千九百九十九	一千万
10000001		…99999999	100000000
一千万零一		…九千九百九十九万九千九百九十九	一万万(一亿)

3. 工业生产和农业生产比几年前增加了一倍多

量词“倍”表示倍数，后面一般不跟名词。

The measure word “倍”, meaning multiple, usually is not followed by any nouns.

例如 E.g. (1) 九是三的三倍。

(2) 他的书比我多两倍。

(3) 这个城市原来人口十万，后来增加了四倍，现在有五十万。

4. 可不是嘛

“可不是嘛”常用来表示同意对方的看法。多用于口语，也可以说“可不是”、“可不嘛”、“可不”。

“可不是嘛” is mostly used in spoken Chinese to show one's agreement to the opinion of the person spoken to. “可不是”, “可不嘛”, “可不” may also be used as substitutes.

例如 E.g. （1） A：这次旅行很值得。

B：可不是嘛。

（2） A：这茶多好喝啊！

B：可不是。

5. 累得连饭都不想吃

用“连……都（也）……”格式表示强调，所要强调的成分放在“连……都（也）”中间。

The construction “连……都（也）……” expresses emphasis. The part for emphasis should be placed between “连” and “都（也）”.

例如 E.g. （1） 连小孩子都认识这个字。

（2） 他连看也没看就把报纸放在桌子上了。

（3） 他连这么简单的文章都不会翻译吗？

6. 叫你这么一说

这里的“叫”是“被”的意思。“一”加动词表示经过某一短暂动作就得出某种结果或结论。

Here “叫” means “被”, and “一”, when followed by a verb, indicates a result or conclusion from an instantaneous action.

例如 E.g. （1） 叫你这么一说，我也应该每天去锻炼身体了。

（2） 叫你这么一翻译，我马上就懂了。

7. 我明年是非去一次不可喽

“非……不可（不行）”表示一定要这样，中间嵌入动词、动词短语或小句。

“非……不可（不行）” means “must” or “have no other alternative”. It can take verbs, verbal phrases or minor sentences in between.

例如 E.g. （1） 这件事非你去办不可。

（2） 这个电影太好了，你非看不可。

助词“喽”用法同“了”，可用于预期的或假设的动作，有时带有提醒注意的语气。

The particle “喽” is used in the same way as “了” to introduce an expected or presumed action or sometimes to call attention.

例如 E.g. （1） 这件事他要是知道喽一定很高兴。

（2） 上课喽，快进教室吧！

语法小结（四）
A Brief Summary of Grammar (4)

一 几种特殊的句式（二）

Some special types of sentences (2)

---

1. 兼语句 Pivotal sentences：

   周末我请你吃饭。

   王老师叫你填张申请表。

---

2. “是……的”句 “是……的” sentences：

   他是昨天下午来的。

   我不是在中国学的汉语。

---

3. “把”字句 “把” sentences：

   田中平把作业做完了。

   你应该把学过的语法好好儿复习复习。

---

4. “被”字句 “被” sentences：

   小姑娘被自行车撞倒了。

   他考试时说话，被老师发现了。

---

5. 意义上的被动句 Notional passive sentences：

   东西买回来了，你别去了。

   电话费交了，电费和煤气费还没交。

---

6. 存现句 Existential sentences：

   楼下来了几个客人，我下去看看。

   门口儿停着几辆车。

二 复句

Complex sentences

1. 一边……一边…… ... while...：

他们一边走一边唱歌。

我们（一）边吃（一）边谈。

2. 不是……而是…… not... but...：

他不是要买皮鞋，而是要买布鞋。

她不是不会做，而是不想做。

3. 不是……就是…… either... or...：

他不是美国人就是英国人。

这个问题很重要，不是找校长就是找系主任。

4. 既……又…… not only... but also...：

这种衬衫既好看又便宜，我也想买一件。

他既是我的老师又是我的朋友。

5. 如果……就…… if...：

你如果要申请就必须先填表。

如果天气不好，你就别去了。

6. 先……然后…… (first)... then...：

听写的时候，你一定要先听懂然后再写。

我每天都是先复习然后做练习。

7. 因为……所以…… because... /... so：

因为不知道，所以我没有去听讲座。

我因为有病，所以没有参加运动会。

8. 一……就…… as soon as... /the moment...：

他的汉语水平很高，一面试就通过了。

申请一批准，我就马上去办签证。

9. 越……越…… as long as...：

这个故事太有意思了，越听越觉得好。

他越说，我越不想听。

10. 只要……就…… as long as...：

你只要努力就一定能学会。

你只要打个电话，他就会给你送来。

三 补语（二）

Complements (2):

1. 复合趋向补语 Complex directional complements：

同学们都走下来了。

他从书包里拿出来一个本子。

她跑回宿舍去了，她忘了带词典了。

你买回礼物来了没有？

2. 可能补语 Potential complements：

我听不懂他说的话。

这么多生词你晚上复习得完复习不完？

四 动词的态（二）

Aspects of verbs (2)

动态助词“着”表持续态 The aspect particle “着” indicating the continuous aspect：

他手里拿着一个照相机。

同学们都在教室里坐着上课。

五 强调的方法（二）

Ways of showing emphasis (2)

1. 用“连……也……”表强调 “连……也……” used to show emphasis：

这件事连系主任也不知道，你说怎么办？

他连专业性很强的文章也能看懂，他的汉语水平确实很高。

2. 用“非……不可”表强调 “非……不可” used to show emphasis：

九点钟以前我非把作业做完不可。

只有他能帮你，你下午非找到他不可。

六 助词：
Particles：

1. 结构助词“的” The structural particle “的”：

我的车停在那边了，你在这儿等我一下儿。

送朋友的生日礼物我已经买好了。

2. 结构助词“得” The structural particle “得”：

他汉语说得很流利，汉字也写得很漂亮。

这次考试你考得怎么样?

3. 结构助词“地” The structural particle “地”：

大家应该认真地复习，认真地做作业。

祝大家愉快地过一个暑假。

词汇总表
Vocabulary

A

哎	（叹）	āi	3
爱	（动）	ài	12
安全带	（名）	ānquándài	15
按	（介）	àn	18

B

把	（介）	bǎ	13
拜年		bài nián	17
搬	（动）	bān	2
半天	（名）	bàntiān	8
办	（动）	bàn	11
办法	（名）	bànfǎ	8
包	（动）	bāo	17
保证	（动，名）	bǎozhèng	18
饱	（形）	bǎo	16
报考	（动）	bàokǎo	11
报名		bào míng	8
倍	（量）	bèi	20
被	（介）	bèi	15
被子	（名）	bèizi	7
本	（代）	běn	6
本地人	（名）	běndìrén	6
本来	（形，副）	běnlái	19
比	（介，动）	bǐ	8
比赛	（名，动）	bǐsài	5
笔试	（名）	bǐshì	3
必须	（助，动）	bìxū	13
毕业		bì yè	6
鞭炮	（名）	biānpào	17
变化	（名，动）	biànhuà	5
便条	（名）	biàntiáo	16
表达	（动）	biǎodá	16
表示	（动）	biǎoshì	4
表演	（动）	biǎoyǎn	19
别提	（动）	biétí	15
冰箱	（名）	bīngxiāng	2
博士	（名）	bóshì	11
博物馆	（名）	bówùguǎn	20
不但	（连）	búdàn	8
不过	（连，副）	búguò	8
不是…就是		bú shì…jiù shì…	1
不要	（副）	búyào	17
不仅	（连）	bùjǐn	13
不久	（形）	bùjiǔ	18
不能不		bù néng bù	8
不同		bù tóng	18
不怎么样		bù zěnmeyàng	1
部分	（名）	bùfen	16

C

才	（副）	cái	6
材料	（名）	cáiliào	18
采访	（动）	cǎifǎng	19
菜	（名）	cài	10
菜单	（名）	càidān	10
测定	（动）	cèdìng	18

叉子	（名）	chāzi	10
差	（动）	chà	13
产值	（名）	chǎnzhí	20
长寿	（名）	chángshòu	4
尝	（动）	cháng	10
常常	（副）	chángcháng	4
场	（量）	chǎng	8
唱	（动）	chàng	1
超级	（形）	chāojí	2
炒青菜		chǎo qīngcài	10
衬衫	（名）	chènshān	7
成	（动）	chéng	19
成绩	（名）	chéngjì	3
成为	（动）	chéngwéi	12
城	（名）	chéng	2
城市	（名）	chéngshì	15
橙汁	（名）	chéngzhī	10
迟到	（动）	chídào	19
抽（烟）	（动）	chōu（yān）	14
抽屉	（名）	chōuti	7
出	（动）	chū	15
出发	（动）	chūfā	19
出来		chū lai	12
出去		chū qu	7
出租汽车		chūzū qìchē	15
初	（名）	chū	16
厨房	（名）	chúfáng	2
除了…以外		chúle…yǐwài	11
除夕	（名）	chúxī	17
传统	（名）	chuántǒng	17
船	（名）	chuán	20
窗户	（名）	chuānghu	14
床单	（名）	chuángdān	7
吹牛		chuī niú	16
春联	（名）	chūnlián	17
春天	（名）	chūntiān	5

词	（名）	cí	16
磁带	（名）	cídài	4
从前	（名）	cóngqián	19
村子	（名）	cūnzi	6
错儿	（名）	cuòr	4

D

打（开）	（动）	dǎ（kāi）	4
打（基础）	（动）	dǎ（jīchǔ）	13
打工		dǎ gōng	18
打算	（名，动）	dǎsuan	11
大使馆	（名）	dàshǐguǎn	12
待	（动）	dāi	9
代	（动，介）	dài	9
代表团	（名）	dàibiǎotuán	9
戴	（动）	dài	14
担保书	（名）	dānbǎoshū	18
单子	（名）	dānzi	7
蛋糕	（名）	dàngāo	4
当	（动）	dāng	9
当面		dāng miàn	4
刀子	（名）	dāozi	10
倒霉		dǎo méi	15
得	（动）	dé	3
得到	（动）	dédào	11
得	（助）	de	1
灯	（名）	dēng	7
低	（形）	dī	16
底	（名）	dǐ	11
点（菜）	（动）	diǎn（cài）	10
点心	（名）	diǎnxin	16
电	（名）	diàn	7
电视	（名）	diànshì	15
电视台	（名）	diànshìtái	17
丢	（动）	diū	4
冬天	（名）	dōngtiān	5

懂	（动）	dǒng	3
动物	（名）	dòngwù	16
豆腐	（名）	dòufu	10
读	（动）	dú	3
短	（形）	duǎn	5
短期	（名）	duǎnqī	11
段	（量）	duàn	19
锻炼	（动）	duànliàn	8
队	（名）	duì	8
对话	（名）	duìhuà	1
多么	（副）	duōme	16

E

饿	（形）	è	16
而且	（连）	érqiě	8

F

发生	（动）	fāshēng	15
发现	（动）	fāxiàn	15
发音	（名）	fāyīn	16
发展	（动）	fāzhǎn	12
罚	（动）	fá	15
法律	（名）	fǎlǜ	18
法语	（名）	Fǎyǔ	19
翻译	（名，动）	fānyì	9
反对	（动）	fǎnduì	1
饭店	（名）	fàndiàn	20
饭馆	（名）	fànguǎn	10
饭后百步走，活到九十九		fàn hòu bǎi bù zǒu, huó dào jiǔshíjiǔ	8
方便	（形）	fāngbiàn	2
方面	（名）	fāngmiàn	13
房间	（名）	fángjiān	2
房子	（名）	fángzi	2
房租	（名）	fángzū	2
访问	（动）	fǎngwèn	9
放	（动）	fàng	14
飞机	（名）	fēijī	8
非…不…		fēi…bù…	20
非常	（副）	fēicháng	1
费	（名）	fèi	7
分	（名）	fēn	3
…分之…		fēn zhī	15
丰富	（形）	fēngfù	11
风	（名）	fēng	5
风景	（名）	fēngjǐng	6
夫妻	（名）	fūqī	12
夫人	（名）	fūrén	9
服务	（动）	fúwù	15
幅	（量）	fú	4
父母	（名）	fùmǔ	6
复习	（动）	fùxí	13
复印件	（名）	fùyìnjiàn	18
复杂	（形）	fùzá	13
副	（量）	fù	14

G

干杯		gān bēi	10
干净	（形）	gānjìng	20
赶	（动）	gǎn	12
赶快	（副）	gǎnkuài	18
感到	（动）	gǎndào	20
感觉	（名，动）	gǎnjué	9
感谢	（动）	gǎnxiè	13
干	（动）	gàn	11
高	（形）	gāo	5
搞	（动）	gǎo	15
歌	（名）	gē	1
各	（代）	gè	17

个儿	（名）	gèr	14
跟…一样		gēn…yíyàng	9
工厂	（名）	gōngchǎng	9
工人	（名）	gōngrén	19
工业	（名）	gōngyè	20
公共	（形）	gōnggòng	15
公里	（量）	gōnglǐ	15
公园	（名）	gōngyuán	20
估计	（动）	gūjì	3
姑娘	（名）	gūniang	19
古都	（名）	gǔdū	20
鼓励	（动）	gǔlì	19
故事	（名）	gùshi	1
顾客	（名）	gùkè	20
刮	（动）	guā	5
挂	（动）	guà	16
怪不得	（副）	guàibude	6
关	（动）	guān	7
关系	（名）	guānxi	1
关心	（动）	guānxīn	12
管	（动）	guǎn	14
光盘	（名）	guāngpán	4
广播	（动，名）	guǎngbō	9
广场	（名）	guǎngchǎng	20
规定	（名，动）	guīdìng	18
规则	（名）	guīzé	15
规章	（名）	guīzhāng	18
贵	（形）	guì	2
国际	（名）	guójì	15
国家	（名）	guójiā	17
国内	（名）	guónèi	15
过	（动）	guò	4
过奖	（动）	guòjiǎng	6
过来		guò lai	12
过	（助）	guo	10

H

哈哈	（象声）	hāhā	14
还是	（副）	háishi	11
函电	（名）	hándiàn	16
寒假	（名）	hánjià	19
汉字	（名）	Hànzì	3
航线	（名）	hángxiàn	15
好吃	（形）	hǎochī	19
好像	（副）	hǎoxiàng	6
合法	（形）	héfǎ	12
合同	（名）	hétong	16
盒	（量）	hé	4
红烧牛肉		hóngshāo niúròu	10
后	（名）	hòu	18
后来	（名）	hòulái	6
湖	（名）	hú	20
互相	（副）	hùxiāng	12
花	（动）	huā	18
花园	（名）	huāyuán	2
滑冰		huá bīng	5
华人	（名）	huárén	17
化工厂	（名）	huàgōngchǎng	9
画	（动）	huà	16
画儿	（名）	huàr	4
话	（名）	huà	13
坏	（形）	huài	1
欢喜	（形）	huānxǐ	17
环境	（名）	huánjìng	2
黄	（形）	huáng	14
回	（动）	huí	6
回	（量）	huí	20
回答	（动）	huídá	3

回来		huí lai	7
回去		huí qu	12
会	（助，动）	huì	5
婚礼	（名）	hūnlǐ	12
婚姻	（名）	hūnyīn	12
活	（动）	huó	8
活动	（名，动）	huódòng	
火车	（名）	huǒchē	9
火车站	（名）	huǒchēzhàn	15
或者	（连）	huòzhě	4

J

机场	（名）	jīchǎng	8
基本	（形）	jīběn	13
基础	（名）	jīchǔ	13
及格		jí gé	3
急忙	（形）	jímáng	16
挤	（动）	jǐ	20
计划	（名，动）	jìhuà	11
计算机	（名）	jìsuànjī	16
记	（动）	jì	13
记者	（名）	jìzhě	9
技术	（名）	jìshù	16
系	（动）	jì	15
既…又…		jì…yòu…	11
继续	（动）	jìxù	19
加（上）	（动）	jiā（shàng）	18
夹克衫	（名）	jiākèshān	14
家	（量）	jiā	9
家具	（名）	jiājù	2
家乡	（名）	jiāxiāng	5
间	（量）	jiān	2
坚持	（动）	jiānchí	19
检查	（动）	jiǎnchá	7
简单	（形）	jiǎndān	1
见笑	（动）	jiànxiào	19
建议	（名，动）	jiànyì	4
健康	（名，形）	jiànkāng	8
讲	（动）	jiǎng	13
讲座	（名）	jiǎngzuò	14
奖学金	（名）	jiǎngxuéjīn	11
交	（动）	jiāo	7
交际	（动）	jiāojì	13
交通	（名）	jiāotōng	2
郊区	（名）	jiāoqū	6
饺子	（名）	jiǎozi	10
教学	（名）	jiàoxué	11
接受	（动）	jiēshòu	16
阶段	（名）	jiēduàn	13
节目	（名）	jiémù	17
节日	（名）	jiérì	17
结果	（名）	jiéguǒ	8
结婚		jié hūn	12
结束	（动）	jiéshù	8
进去		jìn qu	7
进行	（动）	jìnxíng	8
禁止	（动）	jìnzhǐ	17
精彩	（形）	jīngcǎi	19
经常	（形）	jīngcháng	20
经过	（动）	jīngguò	11
经验	（名）	jīngyàn	11
京剧	（名）	jīngjù	19
警察	（名）	jǐngchá	15
久	（形）	jiǔ	6
酒	（名）	jiǔ	10
旧	（形）	jiù	2
举行	（动）	jǔxíng	8
句	（量）	jù	18

句子	（名）	jùzi	3
据说		jù shuō	9
决定	（动）	juédìng	11
觉得	（动）	juéde	1

K

卡片	（名）	kǎpiàn	4
开	（动）	kāi	5
开始	（形）	kāishǐ	5
开玩笑		kāi wánxiào	16
看法	（名）	kànfǎ	1
看来		kàn lái	8
考	（动）	kǎo	3
考虑	（动）	kǎolǜ	11
烤鸭	（名）	kǎoyā	10
可	（副）	kě	9
可是	（连）	kěshì	12
可以	（形）	kěyǐ	1
客厅	（名）	kètīng	2
课文	（名）	kèwén	3
课余	（名）	kèyú	18
肯定	（形，动）	kěndìng	20
空气	（名）	kōngqì	6
口试	（名）	kǒushì	3
口音	（名）	kǒuyīn	6
哭	（动）	kū	1
裤子	（名）	kùzi	7
快	（形）	kuài	3
快乐	（形）	kuàilè	4
筷子	（名）	kuàizi	10
困难	（形）	kùnnan	11

L

啦	（助）	la	9
…来	（助）	…lái	15
蓝	（形）	lán	7
累	（形）	lèi	20
冷	（形）	lěng	5
离婚		lí hūn	12
离开		lí kāi	6
理解	（动）	lǐjiě	16
礼貌	（形）	lǐmào	4
礼物	（名）	lǐwù	4
俩	（数量）	liǎ	19
连…都…		lián…dōu…	20
联系	（动）	liánxì	14
脸	（名）	liǎn	14
恋爱	（动，名）	liàn'ài	12
亮	（形，动）	liàng	7
辆	（量）	liàng	14
聊	（动）	liáo	19
了不起	（形）	liǎobuqǐ	20
了解	（动）	liǎojiě	11
领取	（动）	lǐngqǔ	12
留（下）	（动）	liú（xia）	14
留步	（动）	liúbù	9
留学		liú xué	6
留学生	（名）	liúxuéshēng	18
流利	（形）	liúlì	6
楼房	（名）	lóufáng	2
喽	（助）	lou	20
路	（名）	lù	2
录取	（动）	lùqǔ	18
旅游	（动）	lǚyóu	20

M

马	（名）	mǎ	16
马上	（副）	mǎshàng	12

嘛	（助动）	ma	9
卖	（动）	mài	14
满	（形）	mǎn	20
满意	（动）	mǎnyì	3
满足	（动）	mǎnzú	13
慢	（形）	màn	12
慢走		màn zǒu	9
毛衣	（名）	máoyī	7
帽子	（名）	màozi	14
煤气	（名）	méiqì	7
美	（形）	měi	6
美好	（形）	měihǎo	17
门	（量）	mén	13
门	（名）	mén	14
们	（尾）	men	7
米饭	（名）	mǐfàn	10
秘书	（名）	mìshū	19
面	（名）	miàn	19
面试	（动，名）	miànshì	11
民族	（名）	mínzú	11
明年	（名）	míngnián	19
名胜古迹		míngshèng gǔjì	20

N

拿	（动）	ná	7
那样	（代）	nàyàng	4
南方	（名）	nánfāng	14
难	（形）	nán	3
难看	（形）	nánkàn	1
内容	（名）	nèiróng	1
能力	（名）	nénglì	16
年糕	（名）	niángāo	17
年轻	（形）	niánqīng	15
年夜饭	（名）	niányèfàn	17
念	（动）	niàn	3
牛	（名）	niú	16
牛仔裤	（名）	niúzǎikù	14
农村	（名）	nóngcūn	6
农业	（名）	nóngyè	20
努力	（形）	nǔlì	13
女朋友	（名）	nǚpéngyou	9
暖和	（形）	nuǎnhuo	19

O

哦	（叹）	ò	7

P

爬	（动）	pá	5
怕	（动）	pà	3
排球	（名）	páiqiú	8
盘	（量）	pán	10
胖	（形）	pàng	14
跑步		pǎo bù	8
碰	（动）	pèng	19
批准	（动）	pīzhǔn	11
皮肤	（名）	pífū	14
皮鞋	（名）	píxié	14
啤酒	（名）	píjiǔ	10
匹	（量）	pǐ	16
聘请	（动）	pìnqǐng	11
平时	（名）	píngshí	3
评价	（动）	píngjià	1
瓶	（量）	píng	10
葡萄酒	（名）	pútaojiǔ	10

Q

妻子	（名）	qīzi	12
期间	（名）	qījiān	18

期末	（名）	qīmò	3
期中	（名）	qīzhōng	3
奇迹	（名）	qíjì	20
起来		qǐ lai	12
气候	（名）	qìhòu	5
汽水	（名）	qìshuǐ	10
千	（数）	qiān	18
铅笔	（名）	qiānbǐ	16
谦虚	（形）	qiānxū	13
前年	（名）	qiánnián	6
强	（形）	qiáng	16
墙	（名）	qiáng	16
亲戚	（名）	qīnqi	12
青年	（名）	qīngnián	12
情人眼里出西施		qíngrén yǎn li chū Xishī	9
晴	（形）	qíng	5
请客		qǐng kè	10
秋天	（名）	qiūtiān	5
球迷	（名）	qiúmí	8
去年	（名）	qùnián	9
去世	（动）	qùshì	6
全部	（名）	quánbù	19
确实	（形，副）	quèshí	1
裙子	（名）	qúnzi	7

R

然后	（副）	ránhòu	11
热	（形）	rè	5
热闹	（形）	rènao	17
热情	（形）	rèqíng	20
人口	（名）	rénkǒu	20
人们	（名）	rénmen	20
认为	（动）	rènwéi	1
认真	（形）	rènzhēn	13
日常	（形）	rìcháng	16
日语	（名）	Rìyǔ	19
容易	（形）	róngyì	3
入乡随俗		rù xiāng suí sú	17

S

散步		sàn bù	8
沙发	（名）	shāfā	2
山	（名）	shān	5
上（学）	（动）	shàng（xué）	6
上（星期）	（名）	shàng（xīngqī）	4
上面	（名）	shàngmian	17
上去		shàng qu	7
上衣	（名）	shàngyī	7
上有天堂，下有苏杭		shàng yǒu tiāntáng，xià yǒu Sū Háng	20
稍	（副）	shāo	10
少数	（名）	shǎoshù	11
社会	（名）	shèhuì	13
深	（形）	shēn	20
生词	（名）	shēngcí	13
生动	（形）	shēngdòng	1
生活	（动，名）	shēnghuó	6
生日	（名）	shēngrì	4
声	（名）	shēng	17
声调	（名）	shēngdiào	13
声音	（名）	shēngyīn	5
圣诞卡	（名）	shèngdànkǎ	17
失望	（形）	shīwàng	19
十分	（副）	shífēn	13
食堂	（名）	shítáng	18
实在	（副）	shízài	8
世界	（名）	shìjiè	3

市场	（名）	shìchǎng	2
事故	（名）	shìgù	15
事情	（名）	shìqing	14
适应	（动）	shìyìng	5
收	（动）	shōu	12
收获	（动）	shōuhuò	13
首都	（名）	shǒudū	15
首先	（副）	shǒuxiān	18
手表	（名）	shǒubiǎo	7
手提包	（名）	shǒutíbāo	7
守岁		shǒu suì	17
瘦	（形）	shòu	14
书店	（名）	shūdiàn	4
输	（动）	shū	8
蔬菜	（名）	shūcài	6
熟	（形）	shú	19
暑假	（名）	shǔjià	11
数学	（名）	shùxué	18
双方	（名）	shuāngfāng	8
水	（名）	shuǐ	6
水平	（名）	shuǐpíng	11
睡觉		shuì jiào	1
顺便	（副）	shùnbiàn	7
说不定		shuō bu dìng	9
硕士	（名）	shuòshì	11
死	（动）	sǐ	12
送	（动）	sòng	9
送（礼）	（动）	sòng（lǐ）	4
送旧迎新		sòng jiù yíng xīn	17
俗语	（名）	súyǔ	8
缩写	（名，动）	suōxiě	18
所以	（连）	suǒyǐ	11

T

她们	（代）	tāmen	16
太太	（名）	tàitai	9
态度	（名）	tàidu	15
谈	（动）	tán	1
汤	（名）	tāng	10
糖醋鱼		tángcù yú	10
讨论	（动）	tǎolùn	1
讨厌	（动）	tǎoyàn	5
套	（量）	tào	2
特别	（形，副）	tèbié	1
特点	（名）	tèdiǎn	17
提	（动）	tí	4
提高	（动）	tígāo	11
提议	（动）	tíyì	10
体操	（名）	tǐcāo	19
体育	（名）	tǐyù	19
天气	（名）	tiānqì	5
跳高	（动）	tiàogāo	8
跳远	（动）	tiàoyuǎn	8
贴	（动）	tiē	17
听写	（动，名）	tīngxiě	3
停	（动）	tíng	12
挺	（副）	tǐng	14
通过	（动）	tōngguò	19
通知书	（名）	tōngzhīshū	18
同时	（名）	tóngshí	13
同意	（动）	tóngyì	1
头发	（名）	tóufa	14
突然	（形）	tūrán	18
推荐	（动）	tuījiàn	18

W

袜子	（名）	wàzi	7
外国	（名）	wàiguó	18
外国人	（名）	wàiguórén	4

外甥	（名）	wàisheng	14
外语	（名）	wàiyǔ	13
完	（动）	wán	2
完全	（形）	wánquán	18
晚	（形）	wǎn	14
晚餐	（名）	wǎncān	17
晚点		wǎn diǎn	8
晚饭	（名）	wǎnfàn	7
晚会	（名）	wǎnhuì	4
碗	（量）	wǎn	10
万	（数）	wàn	20
往	（动）	wǎng	2
忘	（动）	wàng	4
卫生间	（名）	wèishēngjiān	2
为	（介）	wèi	10
为了	（介）	wèile	8
为什么		wèi shénme	4
温度	（名）	wēndù	5
文化	（名）	wénhuà	14
文学	（名）	wénxué	11
文艺	（名）	wényì	17
卧室	（名）	wòshì	2
屋子	（名）	wūzi	16
无轨电车		wúguǐ diànchē	15
物理	（名）	wùlǐ	18

X

希望	（动）	xīwàng	16
习惯	（名）	xíguàn	17
习俗	（名）	xísú	4
洗衣房	（名）	xǐyīfáng	2
洗衣机	（名）	xǐyījī	2
喜酒	（名）	xǐjiǔ	12
喜糖	（名）	xǐtáng	12
下	（动）	xià	5
下去		xià qu	12
夏天	（名）	xiàtiān	5
先后	（副）	xiānhòu	6
现代	（名）	xiàndài	3
相当	（副，形）	xiāngdāng	6
项	（量）	xiàng	9
项目	（名）	xiàngmù	8
向	（介）	xiàng	9
消息	（名）	xiāoxi	9
笑	（动）	xiào	1
校长	（名）	xiàozhǎng	18
新郎	（名）	xīnláng	12
新年	（名）	xīnnián	17
新娘	（名）	xīnniáng	12
新闻	（名）	xīnwén	9
新鲜	（形）	xīnxiān	6
心	（名）	xīn	13
信心	（名）	xìnxīn	13
性	（尾）	xìng	16
许多	（形）	xǔduō	17
学费	（名）	xuéfèi	11
雪	（名）	xuě	5

Y

烟	（名）	yān	14
研究	（动，名）	yánjiū	9
研究生	（名）	yánjiūshēng	11
眼镜	（名）	yǎnjìng	14
演	（动）	yǎn	1
演员	（名）	yǎnyuán	1
宴会	（名）	yànhuì	19
羊	（名）	yáng	16
要求	（动，名）	yāoqiú	18

业余	（名）	yèyú	19
夜	（名）	yè	15
一…就…		yī…jiù…	14
衣服	（名）	yīfu	7
衣柜	（名）	yīguì	7
一定	（形，副）	yídìng	9
一共	（副）	yígòng	20
一切	（代）	yíqiè	6
一样	（形）	yíyàng	9
遗憾	（形）	yíhàn	8
椅子	（名）	yǐzi	2
以前	（名）	yǐqián	7
以上	（名）	yǐshàng	15
以为	（动）	yǐwéi	13
一般	（形）	yìbān	1
一直	（副）	yìzhí	6
亿	（数）	yì	20
艺术	（名）	yìshù	14
意见	（名）	yìjiàn	1
意思	（名）	yìsi	3
意义	（名）	yìyì	20
因为	（连）	yīnwèi	11
阴	（形）	yīn	5
印象	（名）	yìnxiàng	20
赢	（动）	yíng	8
用	（动）	yòng	10
用…来…		yòng…lái…	1
游览	（动）	yóulǎn	20
有的…有的…		yǒude…yǒude…	12
有关	（动）	yǒuguān	15
有名	（形）	yǒumíng	10
有些	（代）	yǒuxiē	15
有意思		yǒu yìsi	1
友谊	（名）	yǒuyì	10
愉快	（形）	yúkuài	4
雨	（名）	yǔ	5
语法	（名）	yǔfǎ	13
语言	（名）	yǔyán	13
语音	（名）	yǔyīn	13
预报	（动）	yùbào	5
预习	（动）	yùxí	13
遇到		yù dao	13
浴室	（名）	yùshì	2
原件	（名）	yuánjiàn	18
原来	（形，副）	yuánlái	9
原谅	（动）	yuánliàng	19
圆	（形）	yuán	14
约会	（名）	yuēhuì	9
越…越…		yuè…yuè…	13
越来越		yuè lái yuè	13
运动会	（名）	yùndònghuì	8
运动员	（名）	yùndòngyuán	8

Z

糟糕	（形）	zāogāo	4
增加	（动）	zēngjiā	20
炸大虾		zhá dàxiā	10
站	（动）	zhàn	2
长	（动）	zhǎng	1
长大	（动）	zhǎngdà	6
丈夫	（名）	zhàngfu	12
着	（动）	zháo	19
着急	（形）	zháojí	4
照相		zhào xiàng	7
照相机	（名）	zhàoxiàngjī	7
这里	（代）	zhèlǐ	15
这些	（代）	zhèxiē	19
这样	（代）	zhèyàng	12

着	（助）	zhe	14
真实	（形）	zhēnshí	18
真正	（形）	zhēnzhèng	13
正	（副）	zhèng	3
正确	（形）	zhèngquè	18
正在	（副）	zhèngzài	3
证书	（名）	zhèngshū	12
政府	（名）	zhèngfǔ	18
挣	（动）	zhèng	11
直达	（动）	zhídá	15
值得	（动）	zhíde	20
侄子	（名）	zhízi	9
只好	（副）	zhǐhǎo	10
只要	（连）	zhǐyào	16
制度	（名）	zhìdù	18
重	（形）	zhòng	16
重伤	（名）	zhòngshāng	15
重要	（形）	zhòngyào	9
周围	（名）	zhōuwéi	2
主人公	（名）	zhǔréngōng	1
主要	（形）	zhǔyào	1
注意	（动）	zhùyì	15
祝	（动）	zhù	4
祝愿	（动）	zhùyuàn	17
专业	（名）	zhuānyè	11
装饰	（动）	zhuāngshì	17
撞	（动）	zhuàng	15
准	（副）	zhǔn	8
桌子	（名）	zhuōzi	2
总（是）	（副）	zǒng（shì）	19
总的来说		zǒng de lái shuō	1
租	（动）	zū	2
足球	（名）	zúqiú	5
最	（副）	zuì	5
最后	（名）	zuìhòu	8
最近	（名）	zuìjìn	2
遵守	（动）	zūnshǒu	15
作业	（名）	zuòyè	13
坐	（动）	zuò	10

专有名词 Proper Nouns

北海公园	Běihǎi Gōngyuán	20
北京	Běijīng	6
长城	Chángchéng	20
陈	Chén	19
春节	Chūn jié	17
大卫	Dàwèi	6
法国	Fǎguó	19
故宫	Gùgōng	20
杭州	Hángzhōu	20
刘江	Liú Jiāng	9
欧洲	Ōuzhōu	9
上海	Shànghǎi	20
圣诞节	Shèngdàn Jié	17
史迪文	Shǐdíwén	13
首都饭店	Shǒudū Fàndiàn	20
苏姗	Sūshān	1
天安门广场	Tiān'ān Mén Guǎngchǎng	20
西安	Xī'ān	20
西湖	Xī Hú	20
杨大伟	Yáng Dàwěi	9
颐和园	Yíhé Yuán	20
朱丽娅	Zhūlìyà	19

话题循环一览表

Table of The Recurring Topics

话题 Topics / 循环 Cycles	个人 individual	家庭 family	学校 school	朋友 friend	社会 society
第五循环	第一课 Lesson 1 我觉得这个电影不错	第二课 Lesson 2 你搬完家了吗	第三课 Lesson 3 你考得怎么样	第四课 Lesson 4 祝你生日快乐	第五课 Lesson 5 明天天气怎么样
第六循环	第六课 Lesson 6 我不是在那儿长大的	第七课 Lesson 7 妈妈，今天洗衣服吗	第八课 Lesson 8 历史系输了	第九课 Lesson 9 刘江最近情况怎么样	第十课 Lesson 10 今天请大家来尝尝中国饭菜
第七循环	第十一课 Lesson 11 我打算参加暑假中文学校	第十二课 Lesson 12 苏姗赶回去参加她姐姐的婚礼了	第十三课 Lesson 13 我觉得汉语不难学	第十四课 Lesson 14 他长得什么样子	第十五课 Lesson 15 这个城市的公共交通情况怎么样
第八循环	第十六课 Lesson 16 我的汉语听说能力很强	第十七课 Lesson 17 你们家过春节吗	第十八课 Lesson 18 我也想申请去中国留学	第十九课 Lesson 19 我们好像见过面	第二十课 Lesson 20 这次旅行很有意义

功 能 大 纲

Outline of Functions

1. 本《功能大纲》分为表情功能、表态功能、表意功能和表事功能四类，共 131 个功能项目，248 个功能点。每一类里的功能项目按出现的先后顺序排列。

This OUTLINE OF FUNCTIONS summarizes 4 categories of functions (expressive, attitudinal, informative, and referential) with 131 items and 248 points. The items in each category are presented in the order as they appear in the textbook.

2. 功能项目前的阿拉伯数字，如 1、2、3……为功能项目名称的总序号；()、[]、○内的阿拉伯数字分别为同一功能项目的不同功能点、该功能项目或功能点所在的课文、同一功能项目或功能点的不同表达形式。

The number (e. g. 1, 2, 3……) before each item refers to the ordinal number of the item in the outline. And the numbers in (), [], and ○ refer respectively to the different points within the same item, the text in which the items or points appear, and the number of ways to express the same idea.

一、表情功能（1～12 共 12 个）

Expressive Functions

表达对客观事物或对对方的某种情感的功能。

It expresses the emotion and sentiment of the speaker toward the addressee or the object referred to.

1. 担心/不担心

①我怕妈妈不同意。②我不（害）怕考听写。 [3]

2. 安慰

别着急，再有三天就能出院了。 [4]

3. 祝贺

①祝你生日快乐。②祝你旅行愉快。 [4]

4. 讨厌

我（最/很）讨厌星期一上课。 [5]

5. 遗憾

这场比赛没看完，实在太遗憾了。 [8]

6. 寒暄

A：好久不见了，一切都好吧？ B：都很好，你呢？ [9]

7. 高兴

①今天大家有机会坐在一起，我非常高兴。②我很高兴你来看我。 [10]

8. 感谢

（非常）感谢你对我的帮助。 [13]

9. 后悔

我（真）不应该那样做，这是我的错误。 [15]

10. 希望

我希望能有机会到中国留学。 [16]

11. 失望

①没有到公司工作她自己也感到很失望。②我对弟弟的学习态度很失望。 [19]

12. 赞扬

你真了不起，看过这么多书。 [20]

二、表态功能（13～30 共 18 个）
Attitudinal Functions

表达对对方或对自己说话内容的态度或语气的功能。

It expresses the attitude or mood of the speaker toward the addressee or the content of the speech.

13. 同意/不同意

①我同意这种看法。②她不同意坐车去。 [1]

14. 反对/不反对

①我反对你现在就买汽车。②我不反对大家的意见。 [1]

15. 推测

（1）看样子你不喜欢这个电影。 [3]

(2) 听口音，你好像不是本地人。 [6]

(3) 看来，你对这儿的气候不太适应。 [8]

(4) 说不定明天还会下雨呢。 [9]

16. 估计

(1) A：你考得怎么样？ B：我估计能得八十分。 [3]

(2) 我看他不会来了。 [14]

17. 肯定

(1) A：这是你的车吗？ B：没错儿，是我的车。 [6]

(2) 中国的长城确实是世界奇迹。 [20]

(3) A：我觉得学费太贵了。 B：可不是嘛，我也觉得不便宜。 [20]

18. 醒悟

(1) A：我是前年才从北京回国的。 B：怪不得你汉语说得这么好。 [6]

(2) A：她姐姐这是第二次结婚。 B：哦，原来是这样。 [12]

19. 自谦

(1) A：你汉语说得真好、真流利。 B：哪里，哪里，您过奖了。 [6]

(2) A：这是你画的画儿？ B：画得不好，见笑，见笑。 [19]

20. 强调

(1) 强调确实如此：A：那儿的东西很便宜。 B：昨天我去了，是便宜。 [7]

(2) 强调来的目的：我是来申请签证的。 [9]

(3) 强调动作、情况发生或出现得早：①她姐姐早就结婚了。②来信早已收到了。③早在三年前我就开始学习汉语了。 [12]

(4) 强调数量少或时间短：①我才吃了两个，我还想吃。②我学汉语才三个月，说得不太好。 [12]

(5) 强调时间晚或时间长：都八点多了，你才回来啊！ [15]

(6) 举例性强调：①每天参观好几个地方，累得（我）连饭都不想吃。②他特别努力，连星期天也不休息。 [20]

21. 表示出乎意料

（真）没想到你也这么喜欢中国音乐。 [8]

22. 必须

(1) 这事不能不告诉妈妈，她应该知道。 [8]

(2) 30号以前必须把书还给图书馆。 [13]

(3) 我明年非去一次不可！ [20]

23. 满意/不满意

①我对现在的工作特别满意。②我非常满意这儿的环境。③我们对这儿的工作人员很不满意。④经理不（太）满意这种颜色的车。 [11]

24. 祈使

大家别笑了。您给我们介绍介绍吧！　［12］

25. 责问

你（是）怎么搞的？为什么不通知我？　［15］

26. 辩解

A：开车不系安全带可是你的不对。　B：我没说我对啊！　［15］

27. 保证

（1）我以后开车一定系安全带。　［15］

（2）我保证三点钟来接你。　［18］

28. 禁止

有些城市已经禁止放鞭炮了。　［17］

29. 鼓励

张教授鼓励我继续研究中国京剧。　［19］

30. 怀疑

A：她现在当老师了。　B：（是吗？）不会吧？她说过不喜欢当老师啊。　［19］

三、表意功能（31～62 共 32 个）

Informative Functions

向对方传递某种信息的功能

It conveys information to the addressee.

31. 评价

（1）（我觉得/认为）他的工作（很）一般。　［1］

（2）应该说，这个电影确实不错。　［1］

32. 表达看法

①我觉得这个电影不错，故事很生动，很有意思。②我认为他应该参加考试，不应该去旅行。　［1］

33. 概括

总的来说，这个电影还可以。　［1］

34. 描述

（1）描述住房内外环境（略）。　［2］

（2）描述气候和天气（略）。　［5］

（3）描述外貌（略）。　［14］

（4）描述语言能力（略）。　［16］

35. 询问

(1) 询问并回答动作是否完成：

A：你写完信了吗？ B：写完了/没写完。 [2]

(2) 询问并回答动作是否有结果：

A：你找到工作了吗？ B：找到了/没找到。 [2]

(3) 询问并回答住址：

A：你住在哪儿？ B：我住在花园路248号。 [2]

(4) 询问并回答正在做什么：

A：你在做什么呢？ B：我在等田中平呢。 [3]

(5) 询问并回答原因：

A：你为什么没来上课？ B：我病了。 [4]

(6) 询问并回答有无某种技能：

A：你弟弟会说汉语吗？ B：会（说）一点儿。

A：你会滑冰吗？ B：我不会滑冰。 [5]

(7) 询问并回答出生、成长的地点：

A：你是在哪儿出生的？ B：我是在北京出生的。

A：你是在哪儿长大的？ B：我是在中国长大的。 [6]

(8) 询问并回答某物在何处：

A：你的车子在哪儿？ B：在楼下。 [7]

(9) 询问并回答有无某种经历：

A：你去过北京吗？ B：去过。

A：你吃过烤鸭没有？ B：吃过。[10]

(10) 询问并回答打算：

A：暑假你有什么打算？ B：我还没想好。

A：毕业后你打算做什么？ B：我打算考研究生。 [11]

(11) 询问并回答动作的方式：

A：她是怎么来的？ B：是开着车来的。 [14]

(12) 询问并回答某物放在何处：

A：今天的报纸放在哪儿了？ B：在我房间的桌子上。

A：请问，这东西放在哪儿？ B：放在沙发旁边。 [14]

(13) 询问并回答某物的出处：

A：这张画儿（是）在哪儿买的？ B：不是买的，是朋友送的。 [16]

(14) 询问并回答用某种语言怎么说：

A：你的名字用汉语怎么说？ B：汉语叫罗西。 [16]

(15) 询问并回答由来：

A：你是从哪儿来的？ B：我是九点钟从家里来的。

A：他是从哪国来的？ B：他是8月10号从日本来的。 [18]

（16）询问并回答印象如何：

A：你这回到中国旅行，印象怎么样？　B：印象很好。

A：他对这儿印象怎么样？　B：他对这儿的印象一般。　[20]

36. 表示忘记了某事

① 我忘了带借书证。② 我忘吃药了。　[4]

37. 表示某物忘在某处

① 我的书包忘在图书馆了。②报纸忘在了车上。　[4]

38. 突然发现某一不如意的情况

糟糕，给苏姗的礼物还没准备好呢。　[4]

39. 建议

我建议你给她买一本《汉英词典》。　[4]

40. 表达消息来源

① 天气预报说，明天上午阴，下午晴。② 听妈妈说，中国人一般不当面打开礼物。　[5]

41. 有某种技能/无某种技能

① 我会说汉语。② 我不会开车。　[5]

42. 表达最低要求

A：听说明天刮风。　B：有风没关系，不下雨就行。

A：你能得多少分？　B：我能得60分就行。　[5]

43. 表示事情发生或结束得晚

他上午11点才起床。我是前年二月才从北京回国的。　[6]

44. 述说经历

A：你是在哪儿出生和长大的？　B：我是在中国长大的。　[6]

45. 表示顺便做某事

下午我去王老师家，顺便想到书店买本书。　[7]

46. 目的

① 我每天锻炼身体是为了健康，不是为了参加比赛。② 为了学习汉语、研究中国历史，我去了中国。　[8]

47. 传闻

据说她正在中国留学。　[9]

48. 委托

委托转达问候：请代我向李老师问好。　[9]

49. 送别

A：（云山，）别送了，请留步！　B：不送了，请慢走。　[9]

50. 有某种经历/无某种经历

① 爸爸到过一次中国。② 弟弟没看过中国电影。　[10]

51. 点菜

① 来个糖醋鱼，再来一只烤鸭。② 要/来个豆腐汤。③ 要三瓶啤酒，再来两杯汽水。
④ 来两碗米饭。 [10]

52. 提议

① 提议干杯：（我提议/来，）为大家的健康干杯！ [10]

② 提议做某事：我提议，请丁文月给我们唱一支歌。 [10]

53. 决定

经过考虑，我决定毕业后考研究生。 [11]

54. 引出话题

说起婚姻（来），我很想知道中国人的婚姻情况。 [12]

55. 表达不符合事实的推断

原来是你，我（还）以为是王云山呢。我（还）以为今天是 2 号，原来是 3 号。 [13]

56. 表达发现某种情况

我发现你这几天好像不高兴。我发现这个城市骑自行车的人不多。 [15]

57. 唤起对方注意.

你看，这是他年轻时的照片，多漂亮啊！ [17]

58. 追忆

我记得他以前好像去过美国。 [17]

59. 进一步说明

（这）就是说，现在过春节已经听不到鞭炮声了。（也）就是说，这是她第二次结婚。 [17]

60. 要求

李老师要求我们复习旧课，预习新课。 [18]

61. 请求

请求原谅：对不起，请原谅，我今天迟到了。我有事儿不能去了，（真）对不起，请原谅。 [19]

62. 表达想起某事

A：他说他认识你。 B：我想起来了，我们以前见过面。 [19]

四、表事功能（63～85 共 23 个）
Referential Functions

表达客观事物的一般意念或事物之间的关系的功能。

It indicates the general notion of an object or the relations between objects.

63. 表示动作的完成

① 我已经搬完家了。② 姐姐写完了信。　［2］

64. 时间

（1）某时之后：

A：什么时候能知道成绩？　B：一个星期以后。

A：晚上八点以后你给我打个电话吧。　B：好。　［3］

（2）前后相继：

大学毕业后，哥哥和姐姐先后离开了家里。　［6］

（3）某时之前：

我下午出去，晚饭以前回来。对不起，四点钟以前我有课，你四点半来吧。　［7］

65. 表示动作的进行或状态的持续

① 罗西（正）在打电话呢。② 他正在听音乐（呢）。　［3］

66. 表示动作即将进行或情况即将出现

（1）足球比赛一会儿就要开始了。　［5］

（2）夏天快要到了。　［5］

67. 表示动作的持续及其时量

（1）比赛进行了两个多小时。　［8］

（2）他早上跑步跑了半个小时。　［8］

68. 相同/不同

① 我现在跟以前一样，每天都很忙。② 这里气候跟北京（的气候）不一样，北京冬天很少下雨。　［9］

69. 表示比较

（1）坐地铁比坐汽车快。　［9］

（2）坐汽车没有坐地铁快。　［9］

70. 表达转折关系

学费虽然贵一些，但是这个学校办得好。　［11］

71. 表示排除已知的，补充其他的

我除了喜欢游泳（以外），还喜欢打网球。　［11］

72. 表达因果关系

因为工作特别忙，所以没给你写信。　［11］

73. 表达条件关系

两天以后才能知道考试成绩。　［12］

74. 表达递进关系

她不仅来了，而且来得很早。　［13］

75. 表示排除特别的，强调余者一致

除了田中平（以外），我都通知到了。　［13］

76. 表示程度逐渐加深

天气越来越冷了。 [13]

77. 表示后者在程度上随前者的增加而加深

① 雨越下越大。② 大家越讨论，问题越清楚。 [13]

78. 表示状态的持续

(1) 门关着。手里拿着一本书。 [14]

(2) 报纸在桌子上放着呢。 [14]

79. 表示前一动作或情况出现后，后一动作或情况随即发生

① 你一问就知道了。② 我一教，你就会了。 [14]

80. 表示一事与另一事相关

能不能学好外语跟学习环境有关。 [15]

81. 表示使用的工具

中国人用筷子 吃饭。他们让我用汉语 翻译一篇文章。 [16]

82. 存现

教室外边 贴着一张通知。 [18]

83. 表示后者随前者的不同而不同

① 学校不同，学费也不完全一样。② 不同的颜色，价钱也不一样。 [18]

84. 倍数

今年学汉语的人数比去年增加了三倍多。 [20]

85. 表示假设的条件关系

谁要想学好外语，谁就要多说、多听、多读。 [20]

语法索引

Index of Grammar

本索引包括《新编汉语教程》(第二册)出现的所有语法项目,按下列9类分别排列。每个项目后面的数码表示该项目所在的课数。

This index includes all the grammer items that have occurred in Volume Ⅱ of *A New Chinese Course*. They are classified into nine categories. The number after each item shows the number of the lesson in which it appears.

一、词类 Parts of Speech

二、词组与固定格式 Phrases and Sentence Patterns

三、句子成分 Elements of Sentences

四、句子的种类 Types of Sentences

五、复句 Complex Sentences

六、动作的态 Aspects of Actions

七、提问的方法 Types of Questions

八、比较的方法 Ways of Comparison

九、强调的方法 Ways of Emphasizing

